Wolfgang Lange



Die Klarinettenspielerin

Erzählungen

Wolfgang Lange

# Die Klarinettenspielerin

*Erzählungen*

Rediroma-Verlag

Bibliografische Information der Deutschen Nationalbibliothek:
Die Deutsche Nationalbibliothek verzeichnet diese Publikation in der Deutschen Nationalbibliografie; detaillierte bibliografische Daten sind im Internet über http://dnb.ddb.de abrufbar.

ISBN 978-3-96103-448-2



www.rediroma-verlag.de
10,95 Euro (D)

Inhalt

## *Die Klarinettenspielerin*

Während die vier großen Kronleuchter des Konzertsaals ihren Lichterglanz allmählich verdunkelten, verstummten die leisen Gespräche des Publikums. Gespannt erwartete man den Auftritt des Dirigenten, der schließlich unter dem Beifall des Konzertpublikums aus einer Seitentür trat und zum Dirigentenpult schritt. Er verbeugte sich kurz, begrüßte den Konzertmeister, dann gab er das Zeichen zum Einsatz des Orchesters, sehr zurückhaltend, denn nur die Flöten begannen leise die ersten Takte der romantischen „Morgenstimmung" von Edvard Grieg zu spielen, deren Motiv dann von den Klarinetten übernommen wurde, bis es kraftvoll die Streicher ausführten.

Udo hatte lange kein Konzert mehr besucht und seine Frau mit zwei Karten für diesen Abend überrascht. Sie hatten Plätze in der ersten Reihe des zweiten Rangs. Zwei Reihen hinter ihnen sollte Maria sitzen. Ihr Platz war jedoch leer.

Udo hatte ihr vor vierzehn Tagen diese Karte gegeben

mit der Hoffnung, dass sie kommen würde. Er wollte auch noch ein Kleid für sie kaufen, aber das hatte sie gleich abgelehnt: Sie habe selbst Sachen zum Anziehen und werde ihn schon nicht blamieren. Daraus entnahm er, dass sie mitkommen würde, musste jedoch einschränken, dass er nicht mit ihr, sondern mit seiner Frau ins Konzert gehe. Ihr Platz sei aber ganz in der Nähe. Sie hatte wie so oft gleichgültig darauf reagiert und nun war seine Enttäuschung groß, dass sie doch nicht gekommen war.

Seine Frau ahnte nichts davon.

Udo schloss die Augen und versuchte die heitere Stimmung dieser musikalischen Morgenstimmung zu genießen und seine Enttäuschung zu überwinden. Das Orchester spielte das sich wiederholende Motiv der „Morgenstimmung" etwas schneller, tänzerischer als er es in Erinnerung hatte. Das entsprach wohl der Mentalität dieses Dirigenten, der jung war wie alle Musiker des Berliner Jugendsinfonieorchester, das diesen Konzertabend mit Stücken aus Griegs Peer- Gynt-Suite, Mozarts Klarinettenkonzert und – nach der Pause – seiner 29. Sinfonie gestalten würde.

In diesem Orchester hatte damals auch Maria gespielt. Als Klarinettistin.

Während das Orchester „Anitas Tanz“, das dritte Stück der Suite, wieder außerordentlich schwungvoll spielte, schaute Udo noch einmal vorsichtig nach hinten – und da saß sie. Maria war da!

Sie muss also noch kurz vor Beginn gekommen sein. Sie bemerkte seinen Blick nicht, schaute zum Orchester und trug einen dezenten grauen Pullover und schwarzen Rock, wie er trotz flüchtigen Schauens bemerken konnte.

Erleichtert lehnte er sich zurück. Sie war da und alles war gut.

Ob er sie in der Pause begrüßen würde, wusste er noch nicht. Dann musste er sie wohl auch seiner Frau vorstellen. Die wusste nichts von Maria und könnte eine Begegnung mit dieser jungen Frau missverstehen.

„Solveigs Lied“, das letzte Stück der Suite, spielte das Orchester überraschend langsam, sehr gefühlvoll und Udo musste ein paar Mal tief durchatmen, um die Rührung und eine zärtliche Sehnsucht, die er in sich aufsteigen spürte, zu beherrschen.

Ging es Maria wie ihm bei dieser Musik? Er wagte nicht, sich noch einmal nach ihr umzuwenden.

In der kurzen Pause nach den beiden Suiten blieb man auf den Plätzen. Nachdem der Dirigent zu seinem Pult zurückgekehrt war, betrat eine junge Klarinettistin, die Solistin des

Abends, die Bühne. Wieder verdunkelten sich die großen Leuchter und es erklang der erste Satz von Mozarts Klarinettenkonzert. Beim zweiten Satz, dem Adagio, schaute Udo zu Maria. Ihre Blicke trafen sich und er nickte ihr kurz zu. Seine Frau bemerkte das, schaute ebenfalls kurz hinter sich, reagierte aber nicht, da sie keinen Bekannten sah.

Die Solistin beherrschte eindrucksvoll ihr Instrument. Die aufsteigenden und fallenden Passagen spielte sie mit meisterhafter Leichtigkeit.

Das konnte allerdings auch Maria und hatte ihn damit und sogar ohne den orchestralen Hintergrund tief beeindruckt, als er sie zum ersten Mal vor dem Kaufhaus spielen hörte: eine Straßenmusikantin mit ihrer Klarinette.

Seine Erinnerungen, die ihn während der Musik erfüllten, waren die einer Geschichte, die vor einem Vierteljahr begonnen hatte:

Udo hatte damals seiner Frau im Kaufhaus gesagt, er gehe schon vor, er wolle noch ein Bier draußen an einer der Marktbuden trinken, sie finde ihn dann schon. Seiner Frau war es recht.

Als er draußen stand, atmete er die frühherbstliche Luft ein und ging hinüber zu den kleinen Marktständen, an denen Bratwürste, Getränke, Kartoffelpuffer, Strümpfe, Schmuck aus Peru und so weiter angeboten wurden. Sein Bier hatte er endlich in einem Pappbecher bekommen und trank mit Genuss den ersten Schluck, wischte sich den Schaum vom Mund ab und stellte den Becher auf einen der kleinen Stehtische vor dem Stand. Hier blendete ihn aber die nachmittägliche Sonne, sodass er mit dem Becher in der Hand weiterging. Von irgendwoher drang Musik herüber, eine Klarinette, und, wie ihm schien, durchaus nicht dilettantisch gespielt. Er schaute sich um, woher diese Musik erklang. Die war gerade verstummt und er blieb stehen und suchte mit den Blicken, wer hier gespielt haben könnte. Er sah aber niemanden mit einer Klarinette. Als er sich gerade wieder dem Eingang des Kaufhauses nähern wollte, damit er seine Frau nicht verpasse, setzte die Musik wieder ein und sofort erkannte er die Melodie, den zweiten Satz aus Mozarts Klarinettenkonzert. Dieses Stück auf dem Markt zu hören überraschte ihn. Er liebte dieses Stück und sein Interesse war gesteigert, zu schauen, wer ausgerechnet hier dieses Stück spiele. Vor einem Hauseingang, schräg gegenüber der Straßenbahnhaltestelle, stand eine junge Frau und spielte Klarinette.

Wie elegant die Töne abperlten! Sie spielte so überwältigend schön, dass er bei ihrem Spiel überhaupt nicht das Orchester vermisste. Das war professionell! Die junge Frau wiegte sich leicht im Spiel, hielt gelegentlich die Augen geschlossen und wirkte abgehoben von dem hektischen Treiben der vorüberhastenden und an der Haltestelle wartenden Menschen. Den Instrumentenkoffer hatte sie geöffnet vor sich zu stehen und er sah, wie eine Frau eine Münze in den Koffer warf. Wahrscheinlich ist sie eine Musikstudentin, dachte er, die sich hier etwas dazu verdient und gleichzeitig, ohne zu Hause einen Nachbarn zu stören, ihre Stücke übt. Aber diese junge Frau übte ja nicht, sie beherrschte ihr Instrument.

Udo trat näher heran. Oder war sie eine Russin, die schon am Konservatorium studiert hatte, bevor sie nach Deutschland kam, wo ihre bisherigen Abschlüsse vielleicht nicht anerkannt wurden? Allerdings sah das Mädchen recht heruntergekommen aus: Ihr langes braunes Haar war verzottelt, der sehr kurze Rock schmuddelig und die schwarzen Leggins zeigten mehrere Löcher. Das passte gar nicht zu ihrem professionellen Spiel. Sie sah aus wie eine Obdachlose, eine Streunerin, die sich ihren Lebensunterhalt hier auf der Straße verdienen musste. Aber ihr Spiel war perfekt. Einem älteren Mann, der gerade wieder eine Münze in den Instrumentenkoffer geworfen hatte, dankte sie mit einem Kopfnicken, während sie weiterspielte. Udo blieb stehen, lauschte der Musik und beschloss, obwohl das gegen seine Gewohnheit war, der Musikantin ebenfalls mit einer Münze zu danken.

In seiner Hosentasche erfühlte er ein Zweieurostück. Auch ihm dankte sie flüchtig mit einem Kopfnicken und, da sie das Stück beendet hatte, machte sie wieder einen Moment Pause, sammelte die Münzen ein und steckte sie in eine kleine Tasche, die sie umgebunden hatte. Udo begab sich zum Eingang des Kaufhauses zurück, wo seine Frau bereits auf ihn wartete.

„Wo warst du denn? Ich stehe hier und suche dich. Ich denke, du wolltest nur ein Bier trinken?"

Er zeigte auf seinen halbvollen Becher und sagte: „Du, das musst du dir mal anhören. Da drüben spielt eine junge Frau Klarinette, ganz wunderbar. Eben hat sie etwas von Mozart gespielt und da musste ich einfach zuhören. Ich habe ihr auch eine Münze gegeben, weil es so schön war, wie sie spielte."

Rita reagierte ungeduldig, ließ sich aber von ihm mitziehen, weil er ihr diese Musikantin zeigen wollte. Die spielte wieder und beeindruckte auch Rita.

„Ja, recht schön", sagte sie, aber da sah sie die Bahn kommen und drängte ihren Mann zur Haltestelle hinüber.

„Für eine Musikstudentin sieht sehr liederlich aus, findest du nicht? Hast du die löcherigen Leggins gesehen? Vielleicht ist sie eine Russin oder sogar obdachlos, denn hinter ihr lag, glaube ich, ein zusammengerollter Schlafsack."

„Habe ich nicht gesehen. Ist ja auch egal. Komm jetzt."

Es kränkte ihn, dass Rita so gleichgültig war und noch einmal drehte er sich zu der Klarinettistin um. Da schien es ihm, als wenn sie ihm kurz zulächelte.

Diesen Blick vergaß er nicht. Noch zu Hause musste er immer wieder an diese junge Frau mit der Klarinette denken. Als er im Bett lag, stand ihm ihr Bild wieder vor Augen. Es reizte ihn, an dieses fremde Mädchen mit der Klarinette zu denken. Wo schlief die heute Nacht? Hatte sie eine Wohnung, einen Freund, dem sie ihre Tagseinnahme übergeben musste? Diese Möglichkeit missfiel ihm und eine unbestimmte Sehnsucht stieg in ihm hoch, diese Frau wiederzusehen. Er beschloss, morgen, gleich nach der Arbeit, noch einmal zum Kaufhaus zu fahren.

Er fand sie nicht gleich, aber als er noch einmal um das Kaufhaus herumging, hörte er wieder ihr Klarinettenspiel. Sein Herz schlug vor Aufregung sofort kräftiger. Dann sah er sie, in der gleichen liederlichen Kleidung wie gestern, und der geöffnete Instrumentenkoffer stand vor ihr. Ein paar Münzen lagen schon darin. Sie spielte ein anderes Stück, das er nicht kannte, aber auch heute faszinierte ihn ihr perfektes Spiel. Er musste sie ansprechen. Er wollte sie fragen, warum sie hier spiele, wo sie es erlernt habe und wusste zugleich, dass es wohl für ihn unpassend wäre, sie so einfach anzusprechen und auszufragen. Aber der Widerspruch zwischen ihrem Können und ihrem Äußeren war zu auffällig. Als sie das Stück beendet hatte, trat er an sie heran. „Sie spielen wunderschön. Was war das eben für ein Stück?“, fragte er sie. „Aus einem Klarinettenkonzert von Weber“, antwortete sie kurz.

Sie war keine Russin, das hörte er sofort, denn sie sprach ohne jeden Akzent. „Sind sie Musikstudentin?“

„Sehe ich so aus?“ Ihre Stimme hatte einen aggressiven Unterton und Udo merkte, dass sie nur ungern weitere Auskünfte geben würde.

„Spielen Sie mir zuliebe noch einmal das Adagio aus dem Klarinettenkonzert von Mozart, das Sie gestern da drüben vor der Haltestelle gespielt haben?“

Jetzt schaute sie ihn genauer an.

„Ich habe Ihnen gestern schon zugehört und Sie bewundert“, ergänzte er, um etwas Freundliches zu sagen. „Das ist hier kein Wunschkonzert“, antwortete sie gereizt. „Ich spiele es, wenn mir danach ist. Und jetzt ist mir nicht danach.“ „Schade“, sagte Udo, „und wenn ich Ihnen einen Zehneuroschein in den Instrumentenkoffer lege, auch nicht?“ Er lächelte sie an, um ihre Frostigkeit zu brechen. „Leg rein“, sagte sie nur und dann spielte sie diesen zweiten Satz aus dem Klarinettenkonzert. Nur für ihn. Er hörte ihr andächtig zu, während andere Passanten gleichgültig vorübereilten. Keiner blieb stehen, es war windig und viel kälter als gestern.

„Scheißwetter heute“, sagte sie, als sie das Stück beendet hatte. „Ich packe jetzt ein. Tschüss und danke.“

Und ohne ihn weiter zu beachten verstaute sie ihr Instrument im Koffer, nachdem sie die wenigen Münzen und seinen Schein eingesteckt hatte.

„Darf ich dir noch einen Kaffee spendieren, dort drüben an dem Stand?“ „Was willst du denn von mir? Zieh Leine, Alter!“ Das war beleidigend deutlich und er spürte, dass sie keineswegs sein Bedürfnis nach Unterhaltung erwidern würde. „Spielst du morgen wieder hier?“, fragte er sie trotzdem. Wieder schaute sie ihn an. „Warum?“ „Weil ich dann wieder kommen würde, um dir zuzuhören.“ „Weiß ich noch nicht.“ Und nach einer kurzen Pause ergänzte sie: „Geh jetzt, bitte.“ Das klang weniger aggressiv, fast etwas hilflos, was ihn rührte. Sie ergriff eine zusammengerollte Decke, die hinter ihr lag und den Koffer und weil er noch immer unschlüssig vor ihr stand, fragte sie: „Ist noch was?“

„Musst du von deinem Spiel hier leben?“
„Ja. Und nun lass mich endlich in Ruhe.“
Aber sie ging nicht gleich und dann sagte sie: „Morgen stehe ich auf der anderen Seite des Kaufhauses. Ich darf hier nicht jeden Tag stehen und spielen.“
Sie ging und er stand allein mit seinen Fragen. Immerhin, sie war keine Ausländerin, sie studierte nicht Musik, sie würde morgen wieder hier in der Nähe sein, das wusste er jetzt und fuhr nach Hause. Seiner Frau sagte er nichts von der Wiederbegegnung.
Die Klarinettenspielerin ging ihm auch heute nicht aus dem Sinn und im Einschlafen spielte er sich noch einmal die Situation durch. Wenn sie jetzt neben ihm läge .... .
Er spürte die Gefahr, die für ihn von dieser jungen Frau ausging. Sie beherrschte immer mehr seine Gedanken und er überlegte, wie er ihr helfen könnte, falls sie Hilfe brauchte. Aber das war ja Unsinn. Wie sollte er, ein Angestellter in einer Bank, einer verwahrlosten Straßenmusikerin helfen! Er leitete das Ressort für Kreditverfahren und hatte Verantwortung für die Sicherheit zu vergebender Kredite. Er galt als zuverlässig, auch wenn er selbst oft genug seine Schwierigkeiten hatte, einem Kunden, der vorübergehend in Zahlungsschwierigkeiten geraten war, zu erklären, warum seine Bank auf die Einhaltung der Kreditverträge dringen muss.
Er beschloss, heute nicht zur Klarinettenspielerin am Kaufhaus zu gehen, weil er befürchtete sich in eine Bindung zu verstricken, die er dann vielleicht nicht mehr im Griff hätte.
Aber wenigstens vorbeischauen könnte er doch mit dem festen Vorsatz, sie nicht wieder anzusprechen!
Sie war nicht da. Er hörte nicht ihr schönes Spiel. Stand sie heute woanders? Sie hatte gesagt, sie dürfe nicht immer am gleichen Platze stehen. Gab es ein Gesetz, wie solche Einnah-

men auf der Straße vielleicht zu versteuern sind? Es gab ja für alles Gesetze in diesem Land. Abends versuchte er im Internet etwas über Straßenmusikanten herauszufinden. Erfolglos; er fand nur Bilder und zwei Artikel über erstaunliche Karrieren einiger Straßenmusiker. Wenn ein Berufsmusiker diese junge Frau zufällig hören würde, könnte er ihr eine Karriere bereiten? Aber er selbst kannte niemanden, der ihr helfen könnte.

Erst in der folgenden Woche trieb es ihn wieder in die Nähe des Kaufhauses und er fand sie. Sie spielte gerade einen Part aus einem Stück von Duke Ellington und wieder war er begeistert von der Professionalität, mit der sie ihr Instrument beherrschte, ohne dass man ein Orchester oder ein zweites Instrument vermisste.

Er wusste unterdessen auch, dass so eine Klarinette über tausend Euro teuer sein konnte. Woher hatte sie ein solches Instrument? Und wieder war er erschüttert von dem Widerspruch ihrer äußeren Liederlichkeit – sie trug den gleichen fleckigen Rock und die zerrissenen Leggins wie vorige Woche – und ihrem kunstvollen Spiel.

Er trat an sie heran und sprach sie erneut an, als sie das Stück beendet hatte: „Da bin ich wieder. Du siehst, du verzauberst mich mit deinem Spiel. Wo hast du das gelernt? Und warum spielst du hier auf der Straße, wo du doch glatt einem Orchester angehören könntest."

„Bist du so naiv? Um in einem Orchester zu spielen, muss man studiert haben und ich habe mein Studium abgebrochen."

„Bist du etwa obdachlos?"

„Wieso, hast du ′ne Wohnung für mich?"

„Das nicht, aber ich finde es schade, dass du dein Talent nur hier auf der Straße präsentierst." Jetzt schaute sie ihn zum ersten Mal länger an. „Was willst du eigentlich von mir? Gib mir wieder `n Zehner, dann spiele ich dir das Adagio noch mal und dann verzieh dich, Mann." Ihre rüde Antwort schockierte ihn, aber er gab ihr den Zehner und sie spielte nach einem Moment der Besinnung noch einmal das Adagio aus Mozarts Klarinettenkonzert. Für ihn. Sie schien nicht auf seine Hilfe angewiesen zu sein oder sie zu erwarten, aber als sie das Stück beendet hatte, sah sie ihn noch einmal an und dann sagte sie plötzlich: „Kannst mich ja mal besuchen. Gleimstraße 12, Hecht, Hinterhaus."

Da bekam er einen Schreck, denn soweit hatte er nicht gedacht. „Abends?", fragte er unsicher, „vielleicht morgen?" Sie zuckte mit den Schultern:

„Von mir aus."

„Spielst du mir dann etwas vor?" Sie antwortete nicht und um nicht länger so verlegen vor ihr zu stehen, sagte er „Tschüss". „Vielleicht", rief sie ihm nach.

Mein Gott, dachte er abends im Bett, was soll das werden? Worauf lasse ich mich da ein? Das ist doch alles Unsinn! Aber vielleicht würde sie ihm ihre Geschichte erzählen.

Und dann? Er wollte sich auf keinen Fall auf eine Beziehung einlassen, die ihn und seine Ehe gefährden würde. Und deshalb wird er auch nicht zu ihr gehen. Das war jetzt klar.

Seine Frau schnarchte neben ihm leise im Schlaf, während er wach lag. Morgen würde es allerdings gut passen, denn donnerstags geht Rita abends zum Sport und käme ohnehin erst gegen zehn nach Hause. Da wäre er sicher wieder da. Noch einmal ein kleines Abenteuer erleben, das wär` es doch wert! Nächstes Jahr wird er fünfzig, auch wenn er sich jünger fühlte.

Er stand auf, schlafen konnte er nicht, ging ins Wohnzimmer und legte sich die CD mit dem Klarinettenkonzert auf. Ganz leise, um seine Frau nicht zu wecken. Und dachte an die junge Frau Hecht, die er morgen treffen könnte. Und dann? Aber muss man denn immer alles bedenken? Warum nicht einfach einmal etwas tun, was vielleicht verrückt ist. So wie in dem Lied von Udo Jürgens, wo der Mann im Fahrstuhl überlegt, was geschähe, wenn er jetzt einfach mal nach New Yorck flöge.

„Wieso hörst du hier nachts Musik?“ Seine Frau stand im Nachthemd an der Tür und riss ihn aus seinen Träumen. „Mein Gott, ich konnte nicht schlafen. Musst du denn immer alles kontrollieren, was ich mache, wann ich schlafen gehe, wann ich wieder aufstehe, was ich anziehe, was ich ausziehe …“.

„Spinnst du? Um halb sechs ist die Nacht vorbei, da wird man ja wohl mal fragen dürfen, wieso du hier nachts herumsitzt und Musik hörst.“ „Weil mir gerade danach ist“, antwortete er gereizt und sie zog geräuschvoll die Tür hinter sich zu.

Udo war am folgenden Tag bei seiner Arbeit unkonzentriert. Einen Termin mit einer Kundin, die ihren Kreditvertrag ändern wollte, hätte er beinahe verschwitzt und er brauchte eine Weile, um sich in deren Probleme hineinzudenken. Nein, den Vertrag konnte er nicht auf eigene Kappe ändern und seinen Chef konnte er heute nicht mehr fragen. Er musste die Frau vertrösten. Das fiel ihm schwer, denn er sah, dass sie seit ihrer Scheidung wirklich in ernsthaften Problemen steckte. Er versuchte der Frau Mut zu machen, versprach, sich für sie einzusetzen und verfluchte wieder einmal seinen Beruf, für den er eigentlich nicht die nötige Härte oder Abgebrühtheit hatte.

Das Treffen am Abend machte ihm bei aller Vorfreude auch Sorgen. Helfen konnte er der jungen Frau nicht, was also wollte er dort? Er genoss die kribbelnde Aufregung, vielleicht noch einmal ein Abenteuer zu erleben, dessen Ausgang ungewiss war. Einen Blumenstrauß sollte er unbedingt vorher kaufen und vielleicht eine Flasche Wein. Oder würde sie das missverstehen?

„Lass es, Udo“, sagte eine Stimme in ihm. „Noch ist nichts geschehen.“ Seinen folgenden Vorbereitungen nach Dienstschluss sah er wie ein Außenstehender zu: einen Blumenstrauß (8,50 Euro!) kaufen, im Supermarkt eine Flasche Rotwein kaufen (nochmals 7,50), mit dem Auto zur Gleimstraße fahren. „Wenn ich nicht sofort einen Parkplatz finde, dann lasse ich es sein.“ Der Zufall sollte es entscheiden.

Er fand wider Erwarten gleich einen eben frei werdenden Platz, schräg gegenüber der Nummer 12. Es war halb sieben. Zu früh.

Er stieg aus dem Auto und rauchte eine Zigarette. Im Selbstgespräch legte er für sich fest, dass er nur die Geschichte dieses Mädchens – dieser jungen Frau, korrigierte er sich – erfahren möchte, dass er einfach sehen wollte, wie so eine Straßenmusikantin lebt, wenn sie nicht auf der Straße spielt, welche Zukunft sie für sich sieht und vielleicht brauchte sie auch einfach den Rat eines erfahrenen älteren Mannes, um ihrem Leben eine zukunftsweisende Richtung zu geben. Ja, einen Rat konnte er vielleicht geben.

Kurz vor sieben betrat er das Tor des Vorderhauses, fand die Durchgangstür zum Hinterhaus und war erstaunt, dass es immer noch hier in Prenzlberg solche alten Hinterhöfe gab, wie er sie aus seiner Jugendzeit kannte. Im dritten Stockwerk fand er an einer Tür den Namen Hecht auf einem kleinen Papierzettel neben der Klingel. Er lauschte noch einen Moment auf die Geräusche im Haus, aber es war still und er wickelte den Blumenstrauß aus dem Papier. Plötzlich wurde ihm bewusst, wie blöd er hier vor der Tür stand, mit einem Blumenstrauß wie ein Liebhaber. Er spürte, wie sein Herz klopfte und das fand er schön und spannend, so aufgeregt zu sein wie früher bei einem Rendezvous – „date“ sagt man wohl heute dazu. Noch konnte er umdrehen, aber spätestens unten würde er sich einen Narren schimpfen. „Sie hat doch gesagt, dass du kommen sollst“, ermunterte ihn sein innerer Dialogpartner, „aber lass die Blumen beiseite. Das ist lächerlich.“

Er stieg eine Treppe höher und legte auf einer Stufe den Blumenstrauß ab. Dann drückte er die Klingel. Die reagierte nicht. Sollte er klopfen? Er pochte mit dem Zeigefinger. Viel zu zaghaft. Noch einmal kräftiger und wartete. Dann hörte er, dass jemand zur Tür kam, sie öffnete und da stand sie. „Ach du. Komm rein, Alter“, sagte das Mädchen. „Hallo. Hast du gedacht, dass ich komme? Wollte mal sehen, wie du so lebst.“ Verlegen schaute er sich im Flur um. Der wirkte ordentlich, jedenfalls nicht schmutzig. Seinen Mantel hängte er an einen der Nägel, die in die Wand geschlagen waren. „Ist alles sehr einfach bei mir“, sagte sie und öffnete die Tür zu einem Zimmer, das offenbar das Wohnzimmer war. Er sah eine recht alte Couch hinter einem niedrigen Tisch, einen Stuhl, der vielleicht das Interesse eines Antiquars erregt hätte, grüne Vorhänge vor dem Fenster, die zugezogen waren, ein altes Klavier, einen Notenständer, eine Liege hinten in der Ecke, auf der Bettzeug lag, ordentlich zusammengelegt.

Drei Kerzen beleuchteten den Raum und sie sagte, dass er sich doch setzen soll. Es war kühl im Zimmer. „Schön hier“, sagte er trotzdem, um etwas zu sagen und um seine Verlegenheit zu überspielen.

Das Mädchen setzte sich zu ihm auf die Couch und zog beide Beine herauf, so dass sie ein bisschen auf ihren Füßen saß. Er bekam einen leichten Schreck, weil ihr kurzer Rock dabei noch höher rutschte, aber den zog sie glatt und es war nichts Frivoles in ihrer Haltung. Sie war nicht wirklich hübsch, hatte aber einen sauberen Pullover und nicht den schmuddeligen Rock wie auf der Straße an, trug dicke weiße Wollsocken und machte durchaus nicht den ungepflegten Eindruck, den er von ihr in Erinnerung hatte. Die Flasche Wein hatte er auf den Tisch gestellt.

„Und nun?“, fragte sie herausfordernd. Er sah in der Ecke neben der Tür den Instrumentenkoffer mit der Klarinette. „Ich dachte, dass Du mir etwas vorspielst. Deshalb bin ich doch gekommen.“ „Nur deshalb?“ Die Frage irritierte ihn und er wollte eben sagen, „Ja, eigentlich nur deshalb“, aber sie schnitt ihm die Antwort ab: „Pass auf, Mann, ich habe gesagt, dass du mal kommen kannst, weil du dich für meine Musik interessiert hast. Und dabei bleibt es, ist das klar?“ Er beeilte sich, das zu bestätigen und war auch erleichtert über diese Distanz, die sie aufbaute.

„Sag mir wenigstens, wie du heißt“, ergänzte sie aber freundlicher und er nannte ihr seinen Vornamen.

„Und ich bin Maria.“

Dabei stand sie auf, um Gläser und einen Korkenzieher für den Wein zu holen. Er hörte sie im Flur oder in der Küche, die dort angrenzen musste, hantieren und schaute sich genauer im Zimmer um. Es war nicht gemütlich, aber ordentlich, stellte er fest. Man müsste es mal renovieren.

„Und die Miete muss dir dein Musizieren auf der Straße einbringen?“, fragte er sie, als sie wieder im Zimmer stand. Sie schwieg und er nahm es als Bejahung. „Und das gelingt dir?“, fragte er weiter.

„Meistens. Ich bin nicht anspruchsvoll.“

„Hast du einen Beruf erlernt?“ Sie setzte sich wieder, zog wieder die Beine auf die Couch, zupfte ihren Rock herunter und Udo vermied es, genauer hinzuschauen. Seine Frage beantwortete sie nicht.

Er goss Wein in die Gläser, bemüht keinen Tropffleck zu hinterlassen, nahm sein Glas und nickte ihr zu. Ihre Blicke trafen sich. Ihr Mund verzog sich dabei zu einem kleinen Lächeln, das er sofort erwiderte. Beide schwiegen und er spürte die Spannung, die zwischen ihnen entstand.

„Also, was willst du hören?", sagte sie, stand wieder auf und nahm ihre Klarinette aus dem Koffer.

„Vielleicht den Mozart noch einmal?", antwortete er leise und nach einem kurzen Moment der Besinnung spielte sie das Adagio so, wie er es von ihr auf der Straße gehört hatte. Wie sie das Stück ohne die Orchesterbegleitung spielte, fand er wunderbar. Sie hatte es für ihr solistisches Spiel etwas verändert, hielt die Augen mitunter geschlossen und schien in ihre Musik versunken.

Auch Udo schloss für einen Moment die Augen und genoss die wundervolle Musik. Es war wirklich perfekt, wie sie spielte, nicht nur technisch, sondern auch mit einem Gefühl, das er nur bewundern konnte.

„Ich spiele dir noch was, woran ich gerade übe." Auch dieses Stück, die Variation einer Klaviersonate von Mozart, beeindruckte ihn. Dann brach sie ab. „Weiter bin ich noch nicht damit", sagte sie, legte die Klarinette zurück in den Koffer und setzte sich wieder, die Beine auf die Couch nachziehend. „Ich habe auch früher Klavier gespielt", erklärte er ihr, „und das Stück kenne ich."

„Kannst du es noch? Komm wir spielen es zusammen." Das wehrte er erschrocken ab, er habe schon seit Jahren nicht mehr gespielt und neben ihrem Spiel sei sein Können so dilettantisch, dass er ihr das anzuhören nicht antun wolle.

„Schade", sagte sie. Sie trank einen Schluck. „Und hat es dir gefallen?" Er sei ganz begeistert und seit wann und wo sie so zu spielen gelernt habe, wollte er wissen. „Klarinette habe ich mit elf begonnen. Aber mehr erzähle ich dir vielleicht, wenn du einmal wieder kommst. Jetzt möchte ich gerne, dass du gehst. Ich muss noch etwas üben und bin müde. War nett von dir zu kommen.“ Mit diesen Worten stand sie auf und das war deutlich genug, um sich zu verabschieden. Ob sie ihn küssen würde beim Hinausgehen, fragte er sich. Aber sie gab ihm nicht einmal die Hand und dann stand er wieder draußen vor der Tür.

Udo war so früh wieder zu Hause, dass seine Frau erst eine halbe Stunde nach ihm kam. „Und was hast du inzwischen gemacht?“, fragte sie, aber er spürte, dass sie nicht wirklich auf seine Antwort wartete und schwieg.

Maria wurde für ihn, als er dann im Bett lag, immer schöner und anziehender. Aber warum war sie auf der Straße so liederlich angezogen? Er überlegte, wie viel sie am Tag an Geld einnehmen konnte und versuchte es zu errechnen, aber er hatte keine Vorstellungen, wie viele Centstücke sich in einer Stunde in ihrem Instrumentenkoffer ansammeln konnten. Offenbar reichte es für ein bescheidenes Leben.

Sie schien ihm Anfang zwanzig zu sein, aber keinen Beruf zu haben. Die Frage danach hatte sie ihm nicht beantwortet. Aber eingeladen hat sie ihn doch wieder! Wann sollte er wieder zu ihr gehen? Zugleich ahnte er, dass eine erneute Begegnung bei ihr zu Hause, in ihrem Zimmer, auf dieser Couch gefährlicher für ihn werden könnte. Er begann sie zu begehren und spürte, wie sich sein Körper bei diesem Gedanken erregte. Noch war nichts passiert. Und so sollte es auch bleiben, sagte er sich immer wieder, damit sich dieser Entschluss fest einprägte.

Und doch blieb im Hintergrund eine Sehnsucht, die er nur oberflächlich bekämpfte. Zu prickelnd war der Gedanke an alles, was vielleicht möglich wäre, auch wenn er es nicht wirklich wollte.

Er setzte sich die Frist einer Woche. Wenn seine Frau wieder beim Sport ist, wird er vielleicht noch einmal zu Maria gehen und sich ihre Geschichte erzählen lassen. Und sie würde ihm ihr neues Stück vorspielen. Schade, dass er selbst die Noten nicht mehr hatte und auch kein Klavier mehr.

War es Sehnsucht, war es Neugier oder die simple Lust auf ein unkalkulierbares Abenteuer, dass er am Donnerstag der folgenden Woche wieder vor der Wohnungstür Marias stand?

Er wusste es selbst nicht. Er hatte bewusst eine Begegnung auf der Straße eine Woche lang vermieden und oft genug mit sich gekämpft, Maria zu sehen.

Er klopfte. Seine Bedenken, was er eigentlich bei diesem Mädchen wollte, hatte er mit dem Argument niedergekämpft, sie habe ihn ja gebeten wiederzukommen, um ihm ihre Geschichte zu erzählen. Trotzdem war er auch heute aufgeregt. Nichts regte sich in der Wohnung und nach mehrmaligem vergeblichem Klopfen zog er ab. War sie wirklich nicht zu Hause? Und wenn sie krank geworden ist? Hatte sie überhaupt eine Krankenversicherung?

Gleich nach Dienstschluss machte er sich am folgenden Tag auf, sie in den Straßen am Kaufhaus zu suchen. Erleichterung und Freude durchströmten ihn, als er das Spiel der Klarinettistin hörte und sie am gewohnten Platz fand. Als sie ihn bemerkte, nickte sie ihm kurz zu und er wartete, bis sie eine Pause machte.

„Mann, bin ich froh, dass du gesund bist", begrüßte er sie. „Wieso ‚Mann', ich bin eine Frau", entgegnete sie trocken, lachte dann aber so unbekümmert, dass er mitlachen musste. „Ich war gestern bei dir, aber du warst nicht da." „Nein."

„Und wo warst du?", aber da merkte er schon, dass er einen Fehler gemacht hatte. Diese junge Frau ließ sich nicht ausfragen und so war ihre abweisende Antwort: „Geht Sie das irgendetwas an?" Das ‚Sie' war wie eine Ohrfeige und er entschuldigte sich sofort für seine Aufdringlichkeit. Sie griff wieder ihre Klarinette, spielte das Stück an, woran sie, wie sie ihm gesagt hatte, gerade übte, brach dann aber plötzlich ab, sammelte das Kleingeld ein, legte ihre Klarinette in den Koffer und ging wortlos, ohne ihn zu beachten, davon.

Er lief ihr hinterher, rief ihr hinterher, sie solle warten, es täte ihm leid und schon drehten sich auch Passanten nach dem ungleichen Paar um: ein Mann im Anzug mit Krawatte und Aktentasche und eine abgerissene Straßenmusikantin mit ihrem Instrumentenkoffer. Udo fühlte, wie lächerlich dieser Anblick sein musste und blieb stehen. Da beschloss er, seine Sehnsucht zu verbrennen, das Mädchen zu vergessen und jeden weiteren Kontakt zu unterlassen.

Das gelang. Zwei Wochen lang. Dann sah er zufällig das hell erleuchtete Schild über einem Laden auf einer breiten Geschäftsstraße: „Siehst du schlecht – komm zu Hecht. Optiker".

„Hecht", so hieß die Musikantin, Maria Hecht. Da flammte seine Sehnsucht wieder auf.

Es war Donnerstag, seine Frau beim Sport und Udo stand vor Marias Tür. Sie war da, öffnete. „Ach, du", begrüßte sie ihn und ließ ihn eintreten.

Sie schien ihm heute aufgeschlossener, freundlicher, machte einen Tee für beide, spielte auch wieder das Stück, an dem sie gerade übte und dann fragte er nach umständlicher Entschuldigung für seine Neugier, ob ihr Name etwas mit dem Optiker Hecht zu tun habe. Dessen Laden habe er gesehen und sich an sie erinnert.

„Der ist mein Vater", war ihr kurze Antwort. Er wagte nicht weiter zu fragen, sah sie an. Überraschend ergänzte sie jedoch: „Ich habe keinen persönlichen Kontakt mehr zu ihm. Bin vor einem Jahr ausgezogen. Aber er zahlt die Miete für dieses Zimmer hier, solange man in diesem Haus noch wohnen darf. Ohne das, würde mein Geld nicht reichen."

„Ihr habt euch verkracht?"

Sie schnob durch die Nase. „So kann man das auch nennen." Dann schwieg sie, aber ihrem Gesicht sah er an, dass sie mit sich kämpfte, mehr darüber zu erzählen.

„Willst du mir sagen, warum?", fragte er mit ungewollt gewollter Zärtlichkeit und musste sich zurückhalten, nicht seinen Arm um dieses Mädchen zu legen, das ihm plötzlich so hilflos und traurig erschien. Das musste sie gespürt haben, denn sie sprang auf, stand vor ihm und sagte, ihr Vater habe sie betrogen mit einer anderen.

„Mit einer anderen Tochter?"

„Nein, mit einer anderen Frau." Er bat sie, sich wieder zu setzen, das sei doch kein Verhör.

„Ich kann dir das nicht erklären und ich will es auch nicht." Sie schwieg eine Weile, dann sagte sie: „Geh jetzt besser." Sie straffte sich und Udo merkte, dass er nichts mehr von ihr erfahren würde. Er spürte auch, dass die Situation für ihn jetzt gefährlich werden könnte; sein Mitleid mit diesem Mädchen war zu groß, er würde sie gleich in den Arm nehmen und sie würde es vielleicht dulden und dann …

Er ging. Er musste mit ihrem Vater sprechen. Vielleicht würde er ihr so helfen können.

Das tat Udo am folgenden Tag.

Er betrat das Geschäft des Optikers Hecht. Eine Assistentin trat auf ihn zu, was sie für ihn tun könne. Er fragte nach Herrn Hecht, er müsse ihn persönlich sprechen. Sie bat ihn sich zu setzen, Herr Hecht komme gleich und ging in einen der hinteren Nebenräume.

„Sie wollen mich sprechen?" Hecht stand vor ihm und sah ihn fragend an.

Udo stellte sich mit seinem Namen kurz vor und fragte, ob er ein paar Minuten Zeit für ihn habe, es ginge um dessen Tochter. „Um Maria?", fragte Hecht zurück. Und dann erklärte Udo umständlich, dass ihn das Ganze eigentlich gar nichts anginge, das wisse er, aber er habe Maria als Straßenmusikantin gesehen, sei von ihrem musikalischen Können außerordentlich beeindruckt und habe nur erfahren, dass sie ausgezogen sei, ihr Studium abgebrochen habe und dass es ihm leid tue, dass eine junge Frau mit einem solchen Talent offenbar in eine Sackgasse geraten sei. Man müsse ihr doch helfen. Udo betonte, dass er verheiratet sei und keinerlei andere Interessen an Maria habe und ihn, den Vater, nur bitten möchte, doch noch einmal auf seine Tochter zuzugehen, damit sie ihr Studium wieder aufnehme. Sie habe gesagt, ihr Vater habe sie mit einer anderen Frau betrogen, und das verstehe er nicht.

Hecht zögerte, ob er sich mit diesem Fremden überhaupt unterhalten sollte, bat ihn dann aber doch kurz nach hinten mitzukommen und Udo war sehr erleichtert, überhaupt mit dem Vater von Maria ins Gespräch kommen zu können.

„Hören Sie Herr …“, Udo wiederholte noch einmal seinen Namen, „Herr Voss, selbst wenn ich Ihnen glauben möchte, dass sie keine anderen Interessen an meiner Tochter haben, wie Sie beteuern, das geht Sie nichts an, verstehen Sie? Maria ist sehr krank, psychisch krank. Aber Sie können ihr nicht helfen. Lassen Sie sie gefälligst in Ruhe!“

Udo war ratlos.

„Aber so kann sie sich doch nicht ihr Leben ruinieren“, versuchte Udo noch einmal. „Sie ist noch so jung, so begabt“, und fügte leise hinzu: „Und Sie sind doch ihr Vater.“

Hecht spürte Udos Sorgen, die offenbar wirklich nur der Zukunft Marias galten.

„Maria ist nicht meine eigene Tochter. Sie ist ausgezogen, als ich ihr meine neue Lebensgefährtin, sie ist Assistentin hier im Geschäft, vorstellen wollte.“ Dann schwieg Hecht und Udo dachte, dass das alles sei, was er erfahren könnte. Aber Hecht ergänzte noch: „Ihre Mutter, meine Frau, ist bei einem Verkehrsunfall vor zwei Jahren ums Leben gekommen. Das hat Maria nicht verkraftet. Sie hat sich dann um unseren Haushalt gekümmert, hat für mich gekocht und gewaschen und versucht, mich zu trösten. Bis ich merkte, dass sie sich mehr und mehr als meine Frau empfand und das mit allen Konsequenzen sein wollte. Ich sah, dass sie neuerdings den Ring meiner Frau trug. Vielleicht habe ich sie in dieser Zeit nicht gleich energisch genug zurückgestoßen in die Realität, bis ich ihren psychischen Defekt erkannte. Ich wollte mit ihr zu einem Psychologen gehen, aber da redete sie schon nicht mehr mit mir".

Hecht schwieg einen Moment, bevor er noch hinzufügte: „Glauben Sie, mir tut das alles auch sehr leid und ich kenne das große Talent meiner Stieftochter. Sie galt in der Schule als hochbegabt, war aber mit ihrem ungeheuren Ehrgeiz auch immer irgendwie gefährdet. Wir haben, als wir ihre musikalische Begabung entdeckten, sie mit allen Mitteln gefördert. Sie spielte im Jugendsinfonieorchester, begann nach dem Abitur ein Musikstudium und dann hat sie nach unserem Bruch alles hingeschmissen. Sie ist furchtbar sensibel und sie kann sehr schroff sein. Ich weiß, dass sie auf der Straße spielt, Musik ist ihr Leben, aber ich habe keinen Einfluss mehr auf sie."

Udo verstand jetzt, warum Maria das Verhalten ihres Vaters als „Betrug" wertete. Trotzdem gab er seinen Versuch, Vater und Tochter wieder zusammenzubringen, nicht gleich auf.

Hecht kam ihm zuvor: „Wenn Maria ihr Studium wieder aufnehmen will, werde ich das unterstützen. Das können Sie ihr sagen."

„Sagen *Sie* es ihr", hatte Udo entgegnet, „nur Sie können ihr helfen." Er bat Hecht, falls er mit Maria noch einmal Kontakt aufnehme, nichts von seinem Besuch hier zu sagen und verabschiedete sich.

Udo hat natürlich auch nichts Maria davon erzählt.

Aber als er auf einem Plakat die Ankündigung eines Konzerts des Berliner Jugendsinfonieorchesters unter anderem mit Mozarts Klarinettenkonzert las, kaufte er drei Karten. Dann suchte er noch einmal Maria auf, schenkte ihr eine Karte und bat sie, unbedingt zu kommen.

Mozarts Klarinettenkonzert war beendet, es gab langen Beifall und eine Pause. Draußen auf dem Gang trat Maria auf Udo und seine Frau zu. „Danke noch mal für die Karte und dass du mir geholfen hast“, sagte sie.

„Ach ja? Habe ich das?“

Seine Frau sah ihn verwundert an. „Das ist meine Frau“, stellte er ihr Rita vor. Die beiden sahen sich fragend an. Das Schweigen der beiden Frauen wurde bedrückend und Udo sagte zu Rita, dass er ihr das nachher erklären würde.

„Ich treffe jetzt noch ein paar Bekannte aus meinem Orchester“, mit diesen Worten wandte sich Maria von ihnen ab.

„Was ist das für eine Frau und warum schenkst du ihr eine Konzertkarte?“ Udo hörte den drohenden und entrüsteten Unterton in Ritas Frage und versuchte mit dem Hinweis, ob sie sich an die Straßenmusikantin vor dem Kaufhaus erinnere, seinen weiteren Erklärungen einen belanglosen Ton zu geben: Das sei sie.

Seine Frau reagierte schroffer, als er es befürchtet hatte: Sie habe keine Lust mehr auf den zweiten Teil des Konzerts und verlangte von ihm ihre Garderobenmarke und die Autoschlüssel.

„Wegen dieser Frau bist du also ins Konzert gegangen, nicht wirklich mit mir. Dann kannst du jetzt dein Straßenflittchen auch zu dir auf meinen Platz holen.“

Sie drehte sich brüsk um.

Udo lief ihr hinterher, versuchte ihr auf dem Heimweg alles zu erklären, aber an Ritas abweisendem Gesicht sah er, dass das jetzt erst einmal sinnlos war. Er beteuerte mehrmals, dass das überhaupt nichts mit ihnen beiden zu tun habe, dass überhaupt nichts war. Er habe nur dieser Frau helfen wollen.

Rita schwieg mit eisernem Gesicht.

Es dauerte lange, bis sie bereit war, sich die Geschichte von ihm anzuhören.

Verstanden hat sie ihren Mann nicht.

Ein Misstrauen blieb.

Udo traute sich nicht Maria noch einmal zu treffen.

Auf der Straße sah er sie nicht mehr. Ob sie ihr Studium wieder aufgenommen hat? Er glaubte das.

Vielleicht wird er einmal ihren Namen in einer Konzertankündigung lesen.

## *Nadines Kinder*

Fabian hatte gerade den Betrieb eines Kunden verlassen, an dessen Computern er Wartungsarbeiten selbst durchgeführt hatte. Er überlegte, wo er eigentlich seinen Wagen abgestellt hatte, als er beobachtete, wie auf der gegenüberliegenden Straßenseite ein schwarzer BMW in eine ziemlich enge Lücke zwischen zwei Autos mit erstaunlicher Präzision einparkte. Eine junge Frau öffnete die Autotür und stieg aus. Sie trug verdammt hohe Stöckelschuhe, High Heels, wie man heute sagt, und Fabian staunte, dass man mit solchen Schuhen überhaupt Auto fahren konnte. Es wäre ein Bild wie aus einer Autowerbung gewesen, wenn nicht ihr kurzer schwarzer Lederrock so weit hochgerutscht wäre, dass es ihm schon peinlich wurde, ihr beim Aussteigen zuzusehen. Als sie merkte, dass sie beobachtet wurde, lächelte sie verlegen zu Fabian hinüber und versuchte nach einem Schulterzucken ihren Rock wieder herunterzuziehen.

Soweit das möglich war.

Dann öffnete sie die hintere Tür auf der Seite des Bürgersteigs und packte zwei kleine Mädchen aus. Die stellte sie auf dem Bürgersteig ab. Noch einmal schaute sie zu ihm hinüber und präsentierte noch ein drittes Mädchen, vielleicht zwei Jahre alt. Fabian dachte nur, sind das alles ihre? Sie schien ihm noch sehr jung zu sein und dann drei Kinder?

Aus dem Kofferraum holte sie einen zusammenklappbaren Kinderwagen, musste dazu aber die Kleine auf der Straße abstellen und ermahnte die beiden Älteren, auf dem Bürgersteig zu verbleiben.

Fabian beschloss hinüberzugehen, um ihr beim Aufklappen des Kinderwagens behilflich zu sein. Sein Angebot nahm sie widerspruchslos an, aber Fabian stellte sich mit dem ungewohnten Teil dann so unbeholfen an, dass sie es schließlich doch lieber selbst übernahm. Das war ihm etwas peinlich.

„Sind das alles ihre?“, fragte er. „Ja, warum? Ist das wichtig?“, fragte sie schnippisch zurück.

Was sollte er darauf antworten? „Nein, natürlich nicht.“ Aber diese junge Frau faszinierte ihn.

Ohne sich weiter um ihn zu kümmern zog sie mit ihren drei kleinen Gören davon. Er schaute ihr noch einen Moment hinterher. Dieses Bild aber haftete in seinem Gedächtnis, so intensiv, dass er immer wieder an diese attraktive junge Frau mit ihren drei kleinen Kindern denken musste.

Wir können uns vorstellen, wie groß seine Überraschung war, als er ausgerechnet diese junge Frau drei Wochen später in seinem Büro wiedertraf. Sie wollte sich um eine Stelle als Bürokraft bewerben, die gerade frei geworden war. Fabian hatte ein paar Tage zuvor eine Annonce in die Zeitung gesetzt, weil seine langjährige Mitarbeiterin Frau Mettin in ihren wohlverdienten Ruhestand gegangen ist.

Er war so erstaunt über diesen Zufall und das unerwartete Glück, sie wiederzusehen, dass es eine Weile dauerte, bis er sich auf ein Einstellungs gespräch konzentrieren konnte. Auch sie erinnerte sich offenbar an ihn und das schuf immerhin eine aufgeschlossene Atmosphäre.

Ihr Äußeres, ihr brünettes, halblanges Haar und die gewagte Eleganz ihres kurzen Rockes beeindruckten ihn sofort wieder. Sie war tatsächlich erst fünfundzwanzig Jahre alt, hieß Nadine und hatte diese drei Kinder von drei verschiedenen Vätern, wie sie ihm offenherzig erklärte. Nein, verheiratet war sie nicht.

Wie will sie dann aber täglich acht Stunden im Büro arbeiten, fragte er sich.

„Und wer versorgt ihre Kinder, wenn Sie arbeiten?“, war deshalb seine erste Frage nach diesen Mitteilungen.

„Die beiden Kleinen, also die zweijährige Lisa und die vierjährige Lena sind tagsüber in der Kita und Laura geht zur Schule und dann in den Hort.“

„Und wo haben Sie bisher gearbeitet?“

Auch hier kam ihre Antwort rasch, ohne Umschweife, knapp und selbstsicher:

„Im Betrieb meines Vaters. Er war selbständig, auch in der Elektronikbranche wie Sie, ist aber unerwartet im vergangenen Jahr verstorben und seine Firma wurde liquidiert. Es lief zum Schluss auch nicht mehr so gut. Das hatte ihn wohl auch nervlich so belastet, dass es zum Herzinfarkt kam.“

Ihre Stimme war angenehm, weich, präzise ihre Wortwahl, aber was sie sagte, war nicht das, was Fabian sofort zu einer Einstellung bewegen konnte.

Er ließ sich ihre Zeugnisse zeigen, Abitur, guter Abschluss einer Großhandelskaufmannslehre, Fremdsprachenkenntnisse Englisch und Russisch – das war eigentlich alles perfekt, aber er wollte sich noch Zeit für eine endgültige Entscheidung nehmen, weil er doch erhebliche Bedenken hatte, eine ledige Frau mit drei kleinen Kindern einzustellen.

Das bekannte er ihr auch so.

Er sah die Enttäuschung in ihren Augen.

Gern hätte er ja gewusst, wie sie zu ihren drei Kindern gekommen war. War sie vielleicht ein bisschen leichtsinnig? Aber wie sollte er sie danach fragen? Er wollte ja kein Verhör führen, obwohl er das vor einer Einstellung schon gern gewusst hätte.

Seine Entscheidung würde er ihr telefonisch mitteilen und er notierte sich ihre Nummer. Dann verabschiedete er sie. Sie dürfe sich aber berechtigte Hoffnung machen, diese Stelle wahrscheinlich zu bekommen, erklärte er betont beiläufig, um seine Sympathie für diese Frau zu verbergen.

Sie muss seine Unsicherheit gespürt haben, denn gerade beim Hinausgehen, als sie sein Büro verlassen wollte, zögerte sie noch einen Moment.

„Mein Kinderreichtum lässt Sie zögern, stimmt's? Ich würde Ihnen den gern erklären. Darf ich Sie zum Essen einladen, dann erzähle ich Ihnen, wieso ich schon drei Kinder habe."

Das war kühn, eine solche Selbstsicherheit bei einem Einstellungsgespräch hatte Fabian noch nicht erlebt und nicht erwartet. Aber das Angebot war verlockend und er schlug ihr ein kleines Restaurant in der Nähe für den nächsten Tag vor, so gegen zwölf, denn abends müsse sie sicher bei ihren Kindern sein. Er hatte vorsichtshalber noch in seinen Terminkalender geschaut und gesehen, dass er einen Termin um halb zwei leicht auf einen späteren Zeitpunkt verschieben konnte. Sie schaute ihn an, sagte sie werde kommen, lächelte wie damals, als er ihr seine Hilfe beim Aufbau des Kinderwagens angeboten hatte, blieb einen Moment stehen, als erwarte sie noch etwas, dann ging sie.

Fabian schaute auf die geschlossene Tür. Auch auf seinem Gesicht war ein Lächeln geblieben. Er schüttelte den kopf. „Was für eine Frau!", dachte er. Eine Stimme in seinem Inneren sagte ihm, dass dies die Frau seines Lebens sein könnte und gern würde er sie sofort einstellen. Aber eine junge ledige Frau mit drei kleinen Kindern, das passte überhaupt nicht zu seinen Vorstellungen von einer neuen Bürokraft. Er durfte sich jetzt nicht von seiner Zuneigung leiten lassen, sagte er sich immer wieder, aber die war stärker als seine Vernunft.

Auf ihre Geschichte war er sehr gespannt.

Am folgenden Vormittag war er immer wieder unkonzentriert, musste an diese Nadine denken und wartete, dass es endlich Zeit würde, sie zu treffen.

Sie kam pünktlich. Er saß schon an dem Tisch, den er ausgesucht hatte, und erlag, kaum dass sie sich ihm gegenüber gesetzt hatte, ihrem Charme.

Fabian riet zur Roulade, die in diesem Restaurant ausgezeichnet sei, sie bestellte jedoch eine kleine Salatschüssel, ein Wasser, Fabian die Roulade und ein Bier.

Er wollte sie nicht drängen und wartete, bis sie von selbst zu erzählen begann:

Den Vater ihrer ältesten Tochter kennt sie nicht, begann sie. Passiert sei es bei einer Techno-Party. Da war sie siebzehn. Ihre Freundin hatte ihr von der Party im letzten Jahr vorgeschwärmt und hatte sie in ihrem alten Golf mitgenommen. Sie hatten sich ein Zelt und was zu trinken und zu essen eingepackt und wollten an nichts anderes denken als an Tanzen, die ganze Nacht durch.

Ihre Eltern hätten nur zögerlich zugestimmt. Sie fand auch bald einen Typen dort, mit dem sie wie verrückt tanzen konnte, aber der oder irgendein anderer muss ihr etwas in ihren Drink geschüttet haben, KO-Tropfen oder so etwas. Und dann sei ‚ihr Film gerissen', erklärte sie. Jedenfalls sei sie morgens in ihrem Zelt aufgewacht, ihr Kopf dröhnte und ihr war kalt. Wie sie allmählich zu sich kam, erschrak sie, weil sie nackt und beschmiert unter ihrer Decke lag. Sie wusste gleich, dass sie irgendeiner in dieser Nacht vergewaltigt haben muss. Sie hatte keine sichtbaren Verletzungen, außer der, dass sie nun nicht mehr Jungfrau war, sodass die Polizei und sogar ihre Eltern meinten, dass es wohl mit ihrem Einverständnis passiert sein muss.

„War es aber nicht, glaube ich. Das war also mein berühmtes ‚erstes Mal'", schloss sie ihr Geständnis.

Fabian war sehr erschrocken, wie ausführlich sie ihm das erzählt hatte und Mitgefühl erfüllte ihn.

Der Arzt, der sie untersucht hatte, teilte ihr ein paar Tage später mit, dass sie schwanger sei; ein Aids-Test war negativ und auch keine andere Krankheit konnte festgestellt werden.

Man riet ihr, das Kind abzutreiben, da sie noch zur Schule ging und der Vater unbekannt sei, aber das lehnten ihre Eltern strikt ab. Sie seien strenge Katholiken, erklärte sie Fabian, deshalb waren sie auch gegen die Pille und meinten, wenn Gott dieses Kind haben wollte, dürfe man es nicht töten. „*Gott* wollte es haben?“, habe sie geschrieen, „aber *ich* doch nicht!“

Ihr Vater soll jedoch sehr lieb zu ihr gewesen sein, sie getröstet haben, dass ein Baby nicht das Schlimmste sei, Hauptsache, dass sie und das Kind gesund seien. Nach einiger Zeit, sagte sie, habe sie sich wohl oder übel mit ihrem Schicksal als siebzehnjährige Mutter abgefunden. Neun Monate später wurde Laura geboren, ihre Erste. Ihr Erzeuger blieb unbekannt.

„Laura war ein niedliches Baby und meine Mutter zog es mit mir gemeinsam auf, ich musste ja wieder zur Schule.“ Seelisch habe sie die Vergewaltigung auch durch die Unterstützung ihrer Eltern einigermaßen verarbeiten können.

Nach dem Abitur begann sie eine Lehre als Großhandelskaufmann, weil sie in den Betrieb ihres Vaters einsteigen sollte.

Dann schwieg sie, bestellte noch ein Wasser und schaute Fabian an. „Nun wissen Sie es“, sagte sie zu ihm.

„Ihre Nummer eins von den drei Kindern“, versuchte Fabian zu scherzen, um seine eigene Betroffenheit zu überdecken oder zu überwinden und sie zugleich zum Weitererzählen zu ermutigen.

„Ja, an ‚Nummer zwei’, wie Sie sagen, war ich dann wirklich selbst schuld. Da war ich einfach leichtsinnig.“

Sie hatte ihren ersten Urlaub in Ahlbeck an der Ostsee verbracht, hatte sich dort in einen Rettungsschwimmer vom

DLRG, der Lebensrettungsgesellschaft, verknallt und mir ihm am Strand geschlafen.

Als sie sah, wie erschrocken Fabian auf ihr freimütiges Geständnis reagierte, brach sie ab, aber er ermutigte sie, ruhig weiter zu erzählen. Das sei doch irgendwie verständlich. Aber ihre Geschichte erregte ihn auch.

Sie entschuldigte sich, sie müsse erst mal kurz …

Als sie wieder zurück war, dauerte es eine Weile, bis sie zu diesem ungezwungenen Plauderton zurückfand, der ihn sowohl verwunderte als auch faszinierte.

Dass das dann wieder ein Baby in ihrem Bauch werden könnte, soll ihr in dem Moment völlig egal gewesen sein.

Sie war wieder einmal schwanger, zum zweiten Mal. Ihre Mutter fand unmöglich, dass sie diesen Erzeuger nicht einmal zu Unterhaltsleistungen verklagen wollte.

„Aber ich wollte absolut nichts mehr von ihm wissen und hatte auch keine Lust herauszufinden, wo man ihn überhaupt noch finden konnte. Papa schien aber irgendwie glücklich, wieder einmal Opa zu werden und meinte, wir würden das Kleine auch ohne dessen Zahlungen großziehen.

Lisa wurde sogar sein absoluter Liebling. Jetzt hatte ich also zwei kleine Mädchen, war gerade mal einundzwanzig und konnte meine Lehre mit einem Jahr Verzögerung beenden. Seitdem arbeitete ich in seiner Firma als Assistentin und betreute oft unsere Kunden. Aber darüber möchte ich jetzt nicht sprechen. Vielleicht ein andermal, wenn ich die Stelle bekomme.“

Das war ja fast eine Erpressung, fand Fabian, trotzdem gefiel ihm ihre Offenheit. Sie war redegewandt, was ihm wichtig war für den Umgang mit seinen Kunden, hatte, wie er ihren Bewerbungsunterlagen entnehmen konnte, einschlägige Berufserfahrungen, ihre Papiere waren fehlerfrei und ansprechend gestaltet. Auch wenn ihn eine innere Stimme warnte, erklärte er, dass er bereit sei, sie „auf Probe“ einzustellen.

„Wann können Sie anfangen?“

„Sofort, wenn Ihnen das recht ist.“

Sie legten fest, dass sie am Montag der folgenden Woche ihren Dienst beginnen könne.

Schon nach vierzehn Tagen hatte sie sich erstaunlich gut eingearbeitet, erledigte sorgfältig seine Korrespondenz, seine Angebote an Kunden, die Abrechnungen.

Fabian freute sich jeden Morgen, wenn sie schon am Schreibtisch saß oder er sie mit ihren Stöckelschuhen im Büro umherklackern hörte, immer attraktiv gekleidet, manchmal etwas gewagt, was die Kürze ihrer Röcke betraf. Zu seinen beiden Mitarbeitern und vor allem zu seinen Kunden fand sie am Telefon schnell einen freundlichen, manchmal sogar herzlichen Ton, als wenn sie einige schon länger kannte. Hatte sie mit einigen von ihnen schon während ihrer Arbeit im Büro ihres Vaters zu tun? Es war schließlich die gleiche Branche. Sein Misstrauen erwachte – und nicht zu Unrecht, wie sich später herausstellte:

Bei einem Gespräch, das er zufällig vom Nebenzimmer aus mithören konnte, schien sich seine Vermutung zu bestätigen. Sie sprach den Telefonpartner mit seinem Vornamen an, schien ihn also zu kennen, aber ihre Stimme verlor plötzlich ihre Freundlichkeit, sie reagierte äußerst ungehalten und knallte den Hörer wütend auf den Apparat. So etwas hatte Fabian an ihr noch nie beobachtet. Er sprach sie anschließend darauf an und ermahnte sie, sich besser zu beherrschen, ganz gleich, ob ihr der Kunde sympathisch sei oder nicht. Hier ging es ums Geschäft, um sein Geschäft!

Nadine schwieg dazu, sie erklärte den Vorfall nicht, sie entschuldigte sich nicht. Was verschwieg sie ihm?

Ein paar Tage blieb sie so verschlossen, bis Fabian noch einmal auf das Gespräch, auf diesen Anruf zu sprechen kam. „War der Kunde aufdringlich?“, fragte er sie.

Das bestätigte sie und erklärte, ja, es habe etwas mit ihrer Tätigkeit im Betrieb ihres Vaters zu tun.

Das wollte er nun doch genauer wissen, aber es dauerte noch ein paar Tage – er hatte ihr unterdessen das „Du“ angeboten – bis sie bereit war, ihm bei einem Kaffee im Büro etwas über diese Zeit zu erzählen und wie es zu „Nummer drei“ ihrer Kinder gekommen war.

Sie erklärte, dass er sich auf einiges gefasst machen müsse, was sie ihm jetzt anvertrauen würde. Sie wolle ehrlich und offen zu ihm sein.

Er wartete, bis sie sich überwand und zu erzählen begann.

„Wie ich dir schon sagte, ich betreute Kunden meines Vaters, wenn sie zwei oder drei Tage für Verhandlungen blieben. Ich organisierte für sie Theaterbesuche und Stadtrundfahrten, begleitete sie und da blieb es natürlich nicht aus, dass sie mich manchmal auch zu einem Essen einluden und mich in ihr Hotel mitnehmen wollten. Aber das lehnte ich anfangs grundsätzlich ab. Als ich begriff, dass ich damit nebenbei viel Kohle verdienen könnte, blieb ich dann doch manchmal bei ihnen in ihrem Hotelzimmer.“

Sie ist eine Nutte, auch noch eine katholische, dachte da Fabian entsetzt bei sich, ich werde sie wieder entlassen müssen. Aber er schämte sich sofort dieses Gedankens und sah jetzt auch eine ungewohnte Verlegenheit bei ihr.

„Das erschreckt dich jetzt vielleicht, aber du musst nicht denken, dass ich eine Nutte war, ich war nur eine Begleitung und mit keinem war es etwas Ernstes. Ich habe keine Ehe zerstört, mit hat es Spaß gemacht und oft habe ich es sogar darauf ankommen lassen, vielleicht ein Kind zu bekommen. Meine

Kunden ahnten das gar nicht, für mich wurde es dadurch aber spannender, denn wegen einer Hormonstörung musste ich immer wieder die Pille absetzen. Aber ich mag eben Kinder, jedenfalls, wenn ich sie bekomme. Und ich hatte keinerlei Probleme mit beiden Schwangerschaften und deshalb auch keine Angst davor. Ein paar Monate sehe ich dann eben etwas deformiert aus, aber es ist so schön, wenn so was Kleines im Bauch strampelt und ich meine Kugel streicheln kann."

Dann erzählte sie von Oleg, einem russischen Geschäftsmann aus St. Petersburg. Dessen Sohn war zwei Jahre zuvor bei einem Verkehrsunfall, an dem Oleg selbst Schuld hatte, ums Leben gekommen. Oleg soll sehr charmant gewesen sein, sprach recht gut deutsch, aber sie konnte ja auch russisch. Er tat ihr irgendwie leid, weil er so traurig schien und an seinen Schuldgefühlen litt.

Da habe sie es wieder einmal darauf ankommen lassen und ihre Selbstkontrolle verloren, weil mit Kondom bei ihm sowieso nichts ging.

„Ich wollte in dem Moment vielleicht sogar dieses Kind."

Es wird wieder ein Mädchen, hatten ihr dann die Ärzte gesagt. Lena wurde ihr drittes Kind.

„Eigentlich ist sie ein Wunschkind", sagte sie.

Als sie Oleg mitteilte, dass sie ein Kind von ihm bekomme, soll er sehr aufgeregt gewesen sein, habe ihr aber keine Vorwürfe gemacht. Da habe sie ihm vorgeschlagen, dass er sich mit einer größeren Einmalzahlung von weiteren jahrelangen Alimenten entlasten könnte. Das lehnte er allerdings ab, so viel Geld könne er nicht auf einmal aufbringen, aber er schlug dafür vor, ihr ‚als Entschädigung' ein Auto zu schenken, ein ziemlich teures Stück, um eine jahrelange Beziehung wegen der umständlichen Geldüberweisungen zu vermeiden. Ein Auto könne er besser von seinem Firmenkonto abbuchen.

Auch dürfe seine Frau in Petersburg auf keinen Fall von diesem Kind erfahren. Nadine wollte auch nicht dessen Ehe ruinieren und das mit dem Auto fand sie schließlich ganz okay, sie konnte es gut brauchen für ihre drei Kinder und ihren nächtlichen Nebenjob.

„Das ist übrigens der BMW, aus dem ich damals ausstieg, als du mich sahst. Zu Oleg habe ich seitdem keinen Kontakt mehr, nur zu Lenas ersten Geburtstagen schickte er ihr hübsche Päckchen.

„Wussten denn deine Eltern nicht, woher du dieses Auto plötzlich hattest?“

„Ich glaube nicht. Sie wollten es wohl auch gar nicht wissen und ich wohnte ja nicht mehr bei ihnen. Wir haben nie darüber gesprochen.“

Als Laura dann zur Schule ging, wurde es immer schwieriger den Kindern zu erklären, warum sie oft erst sehr spät oder manchmal erst morgens „von der Arbeit“ kam. Sie hatte sich, da sie recht gut verdiente, gelegentlich eine Babysitterin besorgt, eine Studentin, die, wenn sie ein oder zwei Mal die Woche über Nacht wegblieb, auf die Kinder aufpasste. Sie habe ihre Kinder aber nie vernachlässigt, betonte sie.

Dass sie sich ihm gegenüber so ungeniert zu ihrem „Nebenjob“ bekannte und dass ihr der nicht einmal peinlich zu sein schien, verunsicherte Fabian. Andererseits imponierte ihm ihr Vertrauen, das sie ihm damit entgegenbrachte, ja, gerade ihr zweifelhafter Nebenjob machte ihm Nadine jetzt sogar noch reizvoller.

Nach dem Tod ihres Vaters habe sich ihre Situation allerdings völlig verändert.

„Allein von den Zuwendungen meiner Kunden konnte ich nicht sicher leben. Ich will das alles auch gar nicht mehr. Also musste ich mich bewerben gehen. Da bin ich zufällig auf deine Adresse gestoßen."

Nach diesem Geständnis wusste Fabian nicht gleich, was er jetzt von dieser jungen Frau halten und was er ihr sagen sollte. Er war einesteils schockiert, andererseits beeindruckte ihn ihre Geschichte.

„Und dieser“, - er zögerte - „dieser ‚Nebenjob’ ist jetzt endgültig vorbei?“, fragte er schließlich.

Ihre Antwort kam schnell und deutlich: „Ja. Ich will und mache das jetzt nicht mehr, das musst du mir glauben. Der Anrufer übrigens, das wolltest du doch wissen, gehörte damals zu meinen Kunden.“

Konnte ihr Fabian jetzt noch vertrauen. Würde sie womöglich auch seine Kunden „betreuen“ wollen?

Aber der Gedanke, diese Frau wieder zu verlieren, war für ihn schon zu fatal. Ja, er gestand sich, dass sein Gefühl Nadine gegenüber …, ja, dass er längst in diese Frau verliebt war. Um so schmerzlicher, aber auch erregender war, was er jetzt von ihr wusste. Er konnte sich nicht mehr dagegen wehren, ständig an Nadine zu denken.

Immer mehr begann er die Wochenenden zu hassen, weil er Nadine nicht sah und nicht wusste, was sie tat.

Wieder war er an diesem Sonnabend allein mit einer unbestimmten Sehnsucht nach ihr.

Da beschloss er, sie anzurufen und ihr zu gestehen, was er längst für sie empfand und dass er mit ihrer Vorgeschichte problemlos leben könne. Der Gedanke war plötzlich so stark, dass er nicht länger auf eine Gelegenheit im Büro warten wollte. Er nahm sein Handy und rief sie an. Sicher würde sie heute Abend zu Hause bei ihren Kindern sein.

Eine fremde Frauenstimme meldete sich. Nein, Nadine sei nicht da, sie versorge hier nur die Kinder. Wo Nadine sei? Solche privaten Auskünfte gebe sie nicht am Telefon.

Er bat sie, ihr wenigstens mitzuteilen, dass er angerufen habe und nannte seinen Namen. Sie könne ihn zu jeder Zeit noch anrufen.

Mit wem war sie verabredet? war sein erster Gedanke. Lag Nadine wieder mit einem ehemaligen Kunden in irgendeinem Hotelbett? Sie hatte doch versprochen, dass das vorbei sei! Immer mehr steigerte sich Fabian jetzt in diesen Gedanken hinein und seine Phantasie malte ihm unerträgliche Bilder: Was hatte sie angezogen, als sie zu ihm ging? Er stellte sich vor, wie sie sich auszog, wie sie sich in ein fremdes Bett legte …

Schlafen konnte er jetzt nicht mehr. Er trank noch einen Whisky und dann noch einen.

Wie würde sie ihm am Montagmorgen begegnen, nachdem sie das Wochenende vielleicht mit einem Kunden verbracht hatte? Er wusste, dass er diese Zweifel nicht aushalten würde. Dann musste er sich von ihr trennen, so schmerzlich das wäre. So ein Wochenende wollte er jedenfalls nicht noch einmal erleben.

Um elf klingelte das Telefon.

„Du hast angerufen? Was ist?“ Nadines Stimme! Sie klang gereizt, unfreundlich. Immerhin, sie war zu Hause. Er wollte fragen, wo sie gewesen ist, aber er fürchtete ihre Antwort.

Dann doch, zögernd, weil Angst seine Stimme bestimmte:

„Wo … wo warst du denn?“

Sie antwortete nicht.

„Bist du noch dran?“ fragte er ungeduldig.

„Warum willst du das wissen?“

Fabian spürte schmerzlich die Erleichterung, ihre Stimme zu hören, aber wo war sie gewesen?

„Darf ich noch zu dir kommen? Gleich?“

Wieder Schweigen am anderen Ende der Verbindung, unerträglich lange.

Dann leise: „Nein. Ich bin sehr müde und möchte heute mit niemandem mehr reden. Auch nicht mit dir. Tut mir leid. Ich erzähle dir am Montag, was geschehen ist.“

„Ist es etwas Schlimmes?“, das musste er wenigstens noch fragen.

„Nein, eigentlich nicht. Du brauchst dir keine Sorgen zu machen. Ich brauche nur etwas Zeit zum Nachdenken. Schlaf schön!“

Das klang zwar wieder freundlicher, aber Sorgen machte er sich trotzdem. Was war geschehen?

Fabian war am Montag früher als gewöhnlich im Büro. Nadines BMW stand trotzdem schon auf dem gewohnten Parkplatz. Sie war also schon vor ihm da. An ihrem Gesicht konnte er nicht ablesen, in welcher Stimmung sie war und dann kam ein Anruf, ein Auftrag, der Fabians Konzentration verlangte. Nadine musste ihm etliche Daten heraussuchen und als sie die ihm brachte, forschte er erneut auf ihrem Gesicht nach ihrer seelischen Verfassung. Sie lächelte kurz, aber das war kein Indiz, das ihre Stimmung widerspiegelte.

Endlich nach der Mittagspause kam sie zu ihm und entschuldigte sich, dass sie ihn am Samstag so kurz abgefertigt hatte. Oleg sei überraschend gekommen und habe ihr mitgeteilt, dass er sich von seiner Frau getrennt habe.

„Er hat mir einen Heiratsantrag gemacht. Er möchte, dass ich zu ihm nach Petersburg ziehe, er hat dort ein großes Haus, möchte nun doch endlich seiner Tochter Lena ein wirklicher Vater sein und freue sich, gleich noch ihre beiden Schwestern zu adoptieren. Solch eine Familie habe er sich schon immer gewünscht und er bereue, seine Tochter an mich für ein Auto verkauft zu haben." So stand sie vor ihm. „Du verstehst, dass mich sein Antrag etwas aus der Fassung gebracht hat", ergänzte sie noch.

Das traf jetzt allerdings auch auf Fabian zu. Hätte er doch nur früher seine Gefühle Nadine gegenüber gestanden!

Das tat er jetzt spontan: „Nadine, *ich* möchte Dich gerne heiraten! Geh nicht nach Russland, bleib bei mir! Ich habe zwar kein Haus, aber ich liebe dich und deine Mädchen und will ihnen gern ein Vater sein, wenngleich nicht ein leiblicher." Er wusste zwar nicht, wo sie zu viert leben sollten, aber das würde sich finden.

Nadine sah ihn verwirrt an. „Das kommt jetzt aber sehr plötzlich für mich. Erst gar kein Mann und dann gleich zwei! Was soll ich denn jetzt machen?"

„Mich heiraten!"

Da begann Nadine zu weinen, drehte sich um und ging in ihr Bürozimmer, setzte sich auf ihren Bürostuhl, schüttelte den Kopf und sah ihn an. Dieser Blick rührte ihn und spontan beugte er sich über sie und umarmte sie. Sie wehrte ihn ab: „Verstehst Du nicht? Er ist Lenas Vater und Du bist mein Chef. Ja, ich mag Dich und arbeite gern hier, aber …" Sie vergrub ihr Gesicht in ihren Händen und Fabian stand ratlos neben ihr.

Er fühlte, dass er jetzt besser schwieg. Das musste sie jetzt entscheiden. Und er? Wie ernst war es ihm, plötzlich Vater von drei Kindern zu werden, für eine Familie da sein?

Er zog sich in sein Büro zurück. Der Auftrag von heute Morgen musste bearbeitet werden, aber Nadine hatte seine Gedanken durcheinander gebracht. Laura, Lena, Lisa – drei kleine Mädchen, die er kannte, die er mochte, aber wie sollte er ihnen mit seinen knapp dreißig Jahren plötzlich ein Vater werden? Nadine wollte er, aber auch drei Kinder dazu? Und dann Nadines Vorgeschichte! Mit wie vielen Männern war sie schon zusammen gewesen? Und Oleg schien ihr doch immer noch etwas zu bedeuten, so wie sie ihm von ihm erzählt hatte.

Er ging zurück in Nadines Büroraum.

„Ist denn Oleg noch hier in Deutschland?“, fragte er sie.

Nadine sah ihn wieder an. Schwieg. Dann: „Ja. Er will heute Abend zu mir kommen und seine Tochter sehen. Was soll ich denn jetzt machen?“

„Ich denke, ihr habt eine klare Verabredung getroffen. Er hat doch kein Recht mehr auf seine Tochter. Nadine, ich habe das eben sehr ernst gemeint. Lass mich heute Abend schon bei dir sein, bevor er kommt. Sag ihm, dass du *mich* heiraten wirst, dass ich deinen Kindern ein Vater sein werde. Du kennst doch diesen Oleg gar nicht.“

„Aber dich, was?“ Plötzlich reagierte sie richtig aggressiv: „Für was haltet ihr mich denn? Bin ich für euch nur so ein Flittchen, das man mit dem Angebot, es zu heiraten, glücklich machen könnte? Ich bin glücklich mit meinen drei Kindern und schaffe das alles auch alleine!“ Fabian hatte sie noch nie so aufgebracht gesehen.

„Und das willst du heute Abend dem Oleg sagen?“

„Weiß ich nicht.“ Ihr Gesicht war verschlossen.

Fabian spürte, dass er jetzt nicht mit ihr reden konnte und ging zurück in sein Büro. Er wollte sie auch nicht weiter bedrängen. Aber konzentrieren konnte er sich nicht mehr auf seine Arbeit. Ja, er wollte wirklich Nadine mit ihren drei Kindern und sein Leben künftig darauf einstellen.

Auf jeden Fall musste er jetzt erst einmal verhindern, dass sie Oleg irgendwelche Versprechungen macht. Aber was konnte er tun?

Sie bat ihn, heute ausnahmsweise etwas früher gehen zu dürfen. Sie werde mit Oleg sprechen und er wird seine Tochter Lena sehen.

„Darf ich dabei sein?“, fragte Fabian noch einmal, aber das lehnte sie ab.

Wie dieser Abend mit Oleg verlief und was sie ihm gesagt hat, hat sie ihm nicht mehr erzählt.

Zwei Wochen später aber lud sie Fabian zu sich nach Hause ein und er erlebte eine zärtliche Nadine, die ihn, als die Kinder schliefen, mit ihrer professionellen ‚Betreuung' überraschte. Er war glücklich, aber tags darauf kündigte sie, zog zu Oleg nach St. Petersburg und bekam hier ihr viertes Kind, einen Jungen, Leon.

Es war Fabians Sohn, auch ein Wunschkind.

Aber das erfuhr er nie.

Er war dein Vater“, sagte ich leise.

Clara ging neben mir, reagierte aber nicht darauf. Manchmal schweigt sie mich eben nur an. Das ist so ihre Art.

Wir waren auf dem Weg von der Beerdigung zurück zum Auto, noch auf dem Friedhof, dem kleinen Waldfriedhof.

In dem Moment aber, als ich meiner Tochter das sagte, wusste ich schon, dass ich soeben einen Fehler gemacht hatte, einen, den ich acht Jahre lang vermieden hatte.

Ich hatte für einen Moment meine Selbstkontrolle verloren, was wohl an meiner Erregung lag, die der Unfall und die Beerdigung von Götz Franke in mir ausgelöst hatten. In der Trauerrede, die noch einmal Lebensstationen von Götz nachzeichnete, fehlte ein wichtiges Detail: Er hinterließ eine Tochter.

Aber das wusste niemand. Nicht einmal Clara.

Insofern war ich froh, dass sie den Satz eben überhört hatte.

„Was hast du eben gesagt? Wieso mein Vater?“

Clara blieb nun doch stehen und sah mich fassungslos an. „Wie meinst du das? Du hast doch gesagt, du weißt nicht, wo mein Vater ist oder willst es nicht mehr wissen, weil er dich verlassen hat!“

„Nein, nein, nicht wirklich dein Vater“, korrigierte ich mich schnell. „Vergiss es. Ich bin ein bisschen durcheinander wegen des plötzlichen Todes von Götz. Ich meinte, er war vielleicht auch ein bisschen wie dein Vater.“

Ich versuchte Clara abzulenken, aber an ihrem misstrauischen Blick sah ich sofort, dass sie meinen Rückzug nicht glaubte.

„Du hast gesagt, du weißt nichts mehr über meinen Vater. Wieso sagst du jetzt, er war mein Vater oder ‚wie mein Vater'?“

„Clara, ich habe Götz gern gehabt und dieser Unfall und sein Tod haben mich sehr traurig gemacht. Deshalb habe ich das eben gesagt. Es bedeutet nichts. Nichts für dich. Schluss jetzt!“

Clara schwieg, jedenfalls vorerst.

Der Tag war ungewöhnlich mild für Mitte März und das Wetter passte überhaupt nicht zu einer Beerdigung. Es war heiter, in den Bäumen, die in diesem Jahr schon sehr weit ausgetrieben hatten, zwitscherten Vögel, die Sonne strahlte und nur wenige weiße Wolken zogen am Himmel. Es war viel zu warm für den dunklen Mantel, den ich angezogen hatte.

Clara hatte gar nicht teilnehmen wollen an dieser Beerdigung. Sie kannte Götz eigentlich nur oberflächlich von einigen Familienfeiern und hatte kein besonders inniges Verhältnis zu ihm.

Sie verstand meine Trauer wohl auch nicht und war nun umso erstaunter über meine Aussage. Ich hoffte nur, dass ich meine Tochter wenigstens für diesen Moment wieder abgelenkt hatte.

Vergeblich, wie sich sofort zeigte: „Er war überhaupt nicht wie ein Vater. Er hat mich doch kaum beachtet. Wie kannst du sagen, er sei wie ein Vater zu mir gewesen!“

„Ich habe auch nicht gesagt, dass er ‚zu *dir*' wie ein Vater war, sondern in seiner Art …“

Ich brach den Satz ab, er machte die Sache nur schlimmer. Damit sie endlich schwieg, herrschte ich sie an: „Mein Gott, so ein plötzlicher Tod eines Mannes Mitte vierzig bringt einen schon mal etwas durcheinander. Es hat nichts mit dir zu tun. Lass mich jetzt in Ruhe!“

Das war natürlich falsch, das merkte ich sofort und ich befürchtete, dass Clara nun erst recht keine Ruhe geben würde.

Beleidigt trottete sie neben mir her und schlurfte mit ihren Schuhen über den Kiesweg. Ich schwieg um zu demonstrieren, dass ich trauere. Sie sollte das gefälligst respektieren.

Es war nicht der Zeitpunkt, ihr zu erklären, warum es sie auf der Welt gab, warum sie keinen Vater hatte oder warum ich nie bekannt hatte, wer ihr Vater war. Ich hatte ihr erklärt, dass der mich verlassen hat, als ich schwanger war.

„Es war eine Art … ‚Verkehrsunfall'", hatte ich irgendwann einmal im Scherz erklärt, aber das Wortspiel hatte sie natürlich noch nicht verstanden.

Nun war Götz tot. Ihr Vater. Und diesmal war es wirklich ein Verkehrsunfall. Wir waren alle sehr erschüttert. Die Umstände waren nicht ganz geklärt.

Wieso war er ungebremst gegen den Baum geprallt? Hatte die Kurve nicht gekriegt, die Gewalt über sein Motorrad verloren. War zu schnell.

Der LKW-Fahrer soll im Protokoll gesagt haben, dass der Motorradfahrer mit hoher Geschwindigkeit auf ihn zugerast sei. Nur mit Not habe er selbst noch ausweichen können und das Motorrad knallte dann gegen den Baum.

Ich hatte sofort den Verdacht, dass dieser Unfall, genau an dieser Stelle, Absicht war und dass er etwas mit mir und Götz zu tun haben könnte. War ich schuld?

Aber das war neun Jahre her!

Niemand wusste etwas von uns, nicht meine Mutter, nicht Götz' Frau Vera, nicht sein Bruder, niemand in unserer Verwandtschaft.

Dachte ich jedenfalls.

Irgendwann werde ich es meiner Tochter erklären und beinahe wäre dieser Zeitpunkt jetzt gewesen.

Vera hatte uns alle noch zu einer kleinen Zusammenkunft – hatte sie wirklich „Leichenschmaus“ gesagt? – eingeladen und so saßen alle, meine Mutter, ihre Schwester Maerthe und deren Mann, das ist mein anderer Onkel Werner, und ein paar Bekannte von Götz zusammen im Café, aßen schweigend Kuchen, klapperten leise mit den Kuchengabeln und tranken Kaffee.

Wir schwitzten, weil wir alle für diesen warmen Frühlingstag unpassend angezogen waren. Vorsichtig und leise begannen sie zu plaudern, um den Schmerz zu überwinden und erzählten Erinnerungen an Götz.

Ich blieb still. Clara langweilte sich demonstrativ, schlenkerte mit den Beinen unter dem Tisch und ich bat sie stillzusitzen. Sie stöhnte und verschränkte die Arme.

Was würde geschehen, wenn ich jetzt, in dieser familiären Runde *meine* Erinnerung an Götz erzählen würde?

Das ging natürlich nicht, schon wegen Clara, und ich hatte auch Angst, dass man dann mir vielleicht eine Mitschuld gab, falls Götz’ Unfall tatsächlich Selbstmord gewesen ist.

Dieser Gedanke bewegte mich seitdem immer wieder, auch wenn ich versuchte, ihn zu verdrängen. Also schwieg ich und hoffte, dass Clara es als Trauer hinnehmen würde.

In diesem Moment aber hatte ich die Idee, dass ich den Teil meines Tagebuchs, dem ich damals alle meine geheimen Wünsche, meine Sehnsüchte, meine Ängste und viele Ereignisse anvertraut hatte, hervorholen und überarbeiten sollte.

So ist diese Erzählung hier entstanden, die ich für Clara geschrieben habe und die ich ihr zu ihrem achtzehnten Geburtstag geben wollte, wenn sie volljährig wird.

So alt wie ich damals vor neun Jahren, als ich noch zur Schule ging, ins Gymnasium „Otto Lilienthal“, hier in unserer kleinen brandenburgischen Stadt Z.

Wir hatten den zehnten Jahrestag des Gymnasiums gefeiert, vorher war es die Erweiterte Oberschule „Otto Grotewohl“, zu DDR-Zeiten. Und wir waren eine herrlich verrückt Klasse!

Vielleicht ein bisschen zu verrückt.

Ich vor allem.

Und deshalb gibt es Clara.

Ich blätterte in den schon etwas angegilbten Seiten meines Tagebuchs. Ein paar Fotos waren eingeklebt, das von Mandy und Jörg, von Birgit, Franziska, von Mathias und Felix, ein Gruppenbild von der Klassenfahrt an die Müritz. Ich las meine Eintragungen von damals, die Formulierungen eines Teenagers mit seinen geheimen Sehnsüchten, spüre noch meine Aufregung damals, meinen Schreck, als ich wusste, dass ich schwanger war.

Meine Naivität damals ist mir heute irgendwie peinlich und deshalb begann ich meine persönlichen Eintragungen neu zu formulieren. Einiges ließ ich aber auch so, wie ich es damals gefühlt und geschrieben hatte:

Wir waren in der 12. Klasse, nächstes Jahr würden wir unser Abi machen. Die Jungen und Mädchen in unserer Klasse verstanden sich eigentlich sehr gut. Natürlich gab es auch Krach gelegentlich, aber es überwog eine Kameradschaftlichkeit, wie sie in solchen Schulklassen nicht oft zu finden ist.

Wir hatten gemeinsam, außer Linda, Khara und Hannah, die Jugendweihe gefeiert, hatten die Tanzstunde besucht und waren ein paar Mal zusammen zum Shoppen nach Berlin gefahren. Mandy gab dann immer eine Menge Geld für Klamotten aus. Ihre Eltern verdienten wohl gut und sie war überhaupt immer der Mittelpunkt von uns, hatte eine freche Klappe und war mit Jörg befreundet.

Es gab noch mehr richtige Liebespaare in unserer Klasse. Die küssten sich in jeder Pause auf den Gängen oder auf dem Hof. Wenn ich sie beobachtete, wurde ich immer etwas neidisch und hätte auch in der Pause gerne mit einem Jungen geknutscht, vor allem wenn es darum ging, sich nach einer erfolgreichen Klausur mit jemandem zusammen zu freuen oder sich nach einer Fehlleistung zu trösten.

Wir waren, so dachte ich damals, eine Ausnahmeklasse und wir wollten uns nicht verlieren nach der Schulzeit. Wir wollten immer zusammen bleiben und uns auch nach der Schulzeit nicht aus den Augen verlieren.

Und dann sagte uns Bea, also Beate Krüger, dass sie schwanger sei, im vierten Monat.

Wir waren erschrocken und unser Mitgefühl schwankte zwischen Bedauern und Mitleid und wohl auch bei einigen zwischen Ablehnung und leiser Verurteilung.

Sie war ein recht hübsches Mädchen mit langem, brünettem Haar, aber zurückhaltender als wir anderen und wir hätten ihr nie zugetraut, dass sie Sex mit einem Mann oder Jungen haben könnte.

Sie würde also ihr Abitur erst ein Jahr später machen.

In der ersten Woche der Sommerferien wollten wir noch eine gemeinsame Klassenfahrt machen.

Es war wohl nicht nur Solidarität mit Bea, dass Mandy immer öfter von dieser Idee für die Klassenfahrt sprach, die mir aus heutiger Sicht sehr naiv erscheint: „Und wenn nun noch mehr Mädchen im kommenden Jahr gleichzeitig schwanger werden? Dann bekommen wir alle gleichzeitig Kinder, verlängern unsere Schulzeit um ein Jahr, bleiben für immer befreundet und helfen uns gegenseitig mit der Erziehung. Was für eine

Aufregung würde das geben, Elternabende und Lehrerkonferenzen wegen unserer Schwangerschaften und sicher käme auch das Fernsehen zu uns."

Wir kicherten, als sie das zum ersten Mal so sagte. Es war natürlich Unsinn, aber prickelnd irgendwie.

Mandy steigerte sich in ihre Idee noch weiter hinein:

„Vielleicht bekommen wir sogar einen Exklusivvertrag mit einem Magazin oder mit der ‚Bild', dann können wir auch alles schön finanzieren, Babykörbe, Kinderwagen, Erstausstattung und so weiter. Stellt euch nur mal die Titelseiten vor: ‚Skandal in brandenburgischer Kleinstadt: Schwanger nach Klassenfahrt.' Oder ‚Babyboom in Brandenburg: Eine ganze Klasse wird schwanger!'".

Wir erfanden gleich noch andere Schlagzeilen und fanden das sehr lustig.

Mandy aber meinte das richtig ernst, wie wir bald merkten.

„Kinder bekommen wir sowieso irgendwann, aber es wird nie passen mit dem Beruf und Anschaffungen und so weiter. Denkt doch mal nach! Es wird nie besser passen als jetzt, solange wir noch zur Schule gehen! Vielleicht sollten überhaupt alle Mädchen am Ende der Schulzeit auch ein Baby haben, solange sie noch jung genug dafür sind. Oder wollt ihr erst dreißig sein, bis es dann vielleicht wieder für die Familienplanung passt?"

Mandy musste sich das wohl mit Birgit gemeinsam ausgedacht haben, denn beide steigerten sich immer mehr in ihre Idee hinein. Und Bea fand ihre „Hilfsbereitschaft" natürlich toll. Deshalb redeten nun alle drei ständig davon, um uns zu überzeugen, wie geil das wäre: Alle neun Monate nach der Klassenfahrt mit dickem Bauch in der Schulbank, alle mit ihren süßen Babys parken die Kinderkarren vor der Schule und

Abitur eben ein Jahr später. Lauter junge Muttis, die Abitur machten!

Ich hielt das für Blödsinn. Ich wollte doch noch kein Kind mit achtzehn und nahm die Idee gar nicht so ernst.

Je länger Bea und vor allem Mandy davon sprachen, ging mir ihre Idee aber nicht mehr aus dem Kopf. Irgendwann würde ich ja auch ein Kind bekommen wollen und passen würde es wahrscheinlich tatsächlich nie.

Warum also nicht gleich jetzt? Mit allen zusammen.

Die Idee krallte sich in meinem Kopf fest und allmählich fand ich den Gedanken schon irgendwie reizvoll.

Aber es gab keinen Jungen in unserer Klasse, den ich mir als Vater meines Kindes vorstellen könnte.

Mich bedrückte dabei aber noch etwas ganz anderes: Schwanger zu werden und das Abi ein Jahr später zu machen, schien mir, seitdem ich darüber nachdachte, vielleicht nicht so schlimm, wenn es alle täten. Und es war ja auch nur ein spielerischer Gedanke. Für mich verband er sich aber mit einer anderen Frage: Warum können die anderen so unbefangen darüber reden, mit den Jungs zu schlafen, während ich davor irgendwie Angst hatte.

Ja, ich schämte mich damals sogar, mit siebzehn noch „Jungfrau“ zu sein, unerfahren und naiv, wenn ich Mandy und Birgit so reden hörte.

Mit fünfzehn hatte ich meinen ersten Freund, Matthias. Wir knutschten oft und als er mir einmal unter den Pullover griff, um meine Brüste zu streicheln, habe ich ihm auf die Pfoten gehauen und ihm eine geknallt. Da hat er mich „Zicke“ genannt und „was soll das? Ich denke du bist meine Freundin! Warum darf ich dich nicht anfassen?“ Ich hatte mich umgedreht und ihn stehen gelassen. Er sprach eine Weile nicht mehr mit mir und später überlegte ich, ob ich mich richtig verhalten hatte.

Es tat mir dann sogar leid, ihn so abgewiesen zu haben, aber es war aus. Er knutschte dann mit Maria, sogar auf dem Schulhof. Die war jetzt auch fünfzehn. Soll er doch. Ich war nicht neidisch, aber ich wusste seitdem, dass es immer wieder so sein würde, dass ein Junge mit mir etwas machen wollte, wovor ich Angst hatte. Deshalb ließ ich mir beim Arzt die Pille verschreiben und nahm sie brav jeden Morgen.

Das mit Matthias war zwei Jahre her, aber meine Sehnsucht nach den Jungs wuchs.

Seitdem ließ mich aber dieser eine Gedanke nicht mehr los: Ich wollte nicht als „unschuldiges“ Mädchen an der Klassenfahrt teilnehmen.

Überhaupt, „*unschuldig*“. Ich fand diesen Begriff schon immer diskriminierend für ein Mädchen. Wieso macht sich die Frau schuldig, wenn sie zum ersten Mal mit einem Mann schläft?

Ich wollte auch einmal mit einem Mann geschlafen haben und glaubte nicht, dass ich mich damit ‚schuldig' machen würde, wenn mich später mal mein Mann nicht ‚unschuldig' bekommt.

Ich schwärmte damals sehr für Götz. Ich nannte ihn meinen Onkel, aber er war ja nicht wirklich mit mir verwandt, jedenfalls nicht blutsverwandt, er kam sozusagen aus einem anderen Stammbaum.

Er war etwas jünger als Onkel Werner, sein Bruder, der Mann von Maerthe. In meinen Augen sah er sehr gut aus, war sportlich und wirkte noch sehr jugendlich, damals Anfang dreißig. Leider verheiratet mit Vera, einer Rechtsanwältin. Die mochte ich nicht und ich war eifersüchtig auf sie.

Götz war eigentlich immer lustig. Er arbeitete als Mechaniker in einer KFZ-Werkstatt und verstand sein Handwerk, wie meine Mutter oft sagte. Mit ihm hatte ich mich schon immer wunderbar unterhalten können. Ihm hatte ich sogar von Matthias damals erzählt.

Ich hatte das Gefühl, dass er mich gut versteht und ich schwärmte von ihm. Er war in meinen Augen ein richtiger Mann und manchmal hatte ich sogar schon davon geträumt, wie schön es wäre, wenn er vielleicht mit mir schlafen würde.

Und dieser Gedanke biss sich jetzt in meinem Kopf fest: Nur ein Mal, mein „erstes Mal" sollte es sein und er sollte der Mann sein, der mich als erster bekommt. Seine Frau müsste das ja nicht erfahren. Es wäre unser gemeinsames Geheimnis.

Ich wurde diesen Gedanken nicht mehr los und irgendwie verliebte ich mich immer mehr in Götz. Ich versuchte mir vorzustellen, wie ich ihn verführen würde. Aber wann?

Ich konnte mich doch nicht einfach anbieten: „Willst du mit mir schlafen?", das würde ich nie über die Lippen bringen. Und wo überhaupt? Schön wäre es natürlich in meinem Bett. Aber das geht natürlich nicht wegen meiner Mutter. Und bei ihm ist immer Vera mit ihrem strengen Blick.

Aber der Gedanke an ihn ließ mich nun nicht mehr los.

An einem Sonntag, das war Anfang April, feierten wir den Geburtstag meiner Mutter und da kam auch Götz, mein Onkel Werner und Maerthe, dessen Frau. Vera war nicht mitgekommen, weil sie gerade „einen schwierigen Fall" hatte und weil es wohl sowieso wieder nur Krach zwischen ihr und Götz gegeben hätte.

Ich sah das als ein „Zeichen".

Ich war furchtbar aufgeregt, denn dieser Abend könnte meine Gelegenheit werden, mit Götz zu flirten und ihn richtig anzumachen. Ob ich ihn im Scherz einfach fragen könnte, ob er mich „deflorieren“ will? Das blöde Wort würde alles scherzhaft klingen lassen, aber es sollte für ihn ein Signal sein.

Er würde es ablehnen, sicher.

Ich setzte mich in seine Nähe, war, wie gesagt, sehr aufgeregt und bediente ihn, vor allem reichlich mit Sekt. Wir sprachen über die Schule, über unsere Urlaubspläne und später fragte er mich leise, ob ich einen Freund habe. Nein, sagte ich und dass ich etwas Angst davor habe, weil er mit mir dann auch schlafen will. Da hat er mich verwundert angesehen.

„Warum hast du denn Angst davor?“, fragte er. „Du kannst das doch ablehnen. Wenn er das nicht versteht, ist er der falsche. Es ist doch schön für ein Mädchen, auf den Mann damit zu warten, den man dann heiratet.“

„Und warum gilt das nur für Mädchen? Manchmal habe ich den Eindruck, dass man nur den jungen Männern zugesteht, vor der Ehe Erfahrungen zu sammeln.“

Und dann sagte ich ihm, dass ich „mein erstes Mal“ auch nicht mit einem unerfahrenen Jüngling haben möchte. Ganz leise gestand ich ihm dann meine Sehnsucht: „Mit dir würde ich es gern erleben, Götz.“

Er hat mich zuerst ganz erschrocken angesehen, obwohl ich wusste – ich hatte seine Blicke gesehen, wie er mich immer heimlich musterte, wenn ich meine kurzen Röcke anhatte –, dass ich ihn vielleicht herumkriegen könnte, wenn sich ihm eine Gelegenheit bieten würde.

Ich hatte extra den kurzen Jeansrock angezogen, obwohl meine Mutter meinte, dass ich einen längeren Rock oder die Jeans anziehen sollte. Vielleicht hat sie auch Götz’ Blicke manchmal gesehen, den sie ohnehin für einen „Filou“ hielt, wie sie sagte. Was auch immer das bedeutet.

Seine Ehe soll nicht sehr glücklich sein. Vera streitet oft mit ihm und hat immer Recht. Ist eben eine Recht-Anwältin. Auch deshalb mochte ich sie nicht. Mich bestärkte das aber in meiner Absicht und machte mir Mut.

Nach dem ersten Schreck hat Götz gelacht. Er nahm es wirklich für einen Scherz.

„Du bist ja schon recht freizügig mit deinen siebzehn Jahren. Aber du solltest vorsichtiger sein und nicht so leichtsinnig deine Ehre wegwerfen und dich jedem einfach anbieten."

‚Ehre', dachte ich, wieder dieses blöde Wort.

„Du bist nicht jeder", sagte ich.

„Außerdem sind wir verwandt und du bist noch minderjährig. Es wäre wohl strafbar." Das sagte er nun allerdings sehr ernst.

„Ich finde nicht, dass es eine ‚Ehre' ist, mit siebzehn noch nie mit einem Mann zusammen gewesen zu sein. Ich will doch nur ein Mal mit einem erwachsenen Mann schlafen, damit ich eine richtige Frau werde, wenn ich achtzehn bin. Das wäre doch ein schönes Geschenk, meinst du nicht?"

Er sah mich schweigend an und schüttelte den Kopf.

Ich habe meine Hand auf seinen Oberschenkel gelegt, als gerade niemand auf uns achtete, und ihn bittend angesehen. Er lachte wieder und tat unbefangen, damit keiner merkte, worüber wir vielleicht sprachen. Nur meine Mutter schaute einmal zu uns hinüber und schüttelte missbilligend den Kopf.

Dann bat ich ihn noch einmal: „Bitte, ruf mich mal an, gleich nach meinem Geburtstag, wenn ich achtzehn bin. Nur einmal. Ich möchte nicht auf Klassenfahrt gehen und mich von einem Klassenkameraden ‚deflorieren' lassen. Es bleibt für immer unser Geheimnis. Denk dir irgendeine schöne Gelegenheit aus, bitte!"

Ich weiß heute, das klingt sehr frech für eine Siebzehnjährige, aber ich war eben richtig verliebt in Götz und hatte mich so in meine Sehnsucht nach ihm hineingesteigert, dass ich alle Hemmungen verlor.

„'Deflorieren'", wiederholte er, „wo hast du denn dieses Wort her? Heißt das … ?"

„Ja. Es heißt ‚die Blume brechen.' Kommt aus dem Lateinischen."

„Dazu brauchst du also dein Latein?", lachte er, schüttelte den Kopf dazu und sagte, ich sei verrückt. Aber in seinen Augen sah ich, dass er wohl schon ernsthafter über mich nachdachte, weil es einfach auch für ihn ein zu verführerischer Gedanke war.

Er war schließlich ein Mann.

Zum Abschied habe ich ihn noch einmal geküsst, auf den Mund, als es keiner sah, und ihm zugeflüstert, er soll mich anrufen.

Zu meinem Achtzehnten gratulierten mir alle in meiner Klasse. Mandy hatte einen kleinen Kuchen gebacken und mit achtzehn Kerzen bestückt. Die musste ich ausblasen und alle sangen „Happy birthday …". Von meiner Mutter hatte ich eine hübsche Armbanduhr geschenkt bekommen, einen Kugelschreiber, in den mein Name eingraviert war und zwei Tops, die ich mir allerdings schon vorher ausgesucht hatte. Sie ist OP-Schwester hier im Kreiskrankenhaus und verdient nicht so sehr viel. Deshalb habe ich mich ganz lieb bei ihr bedankt.

Ihren Glückwunsch musste sie natürlich noch mit ernsthaften Hinweisen verbinden, dass ich nun volljährig bin und für alles, was ich tue, verantwortlich sei.

Das wusste ich doch. Deshalb nahm ich auch gleich am Abend wieder die Pille, nachdem ich sie vor ein paar Monaten weggelassen hatte. Ich kam mir blöd vor, ohne festen Freund immer „in Bereitschaft" zu sein.

Abends waren noch ein paar Leute aus meiner Klasse bei mir, auch Felix. Da klingelte das Telefon und Götz war dran:

„Claudia, ich gratuliere Dir zu Deinem Geburtstag und …“ bla bla bla, die üblichen Formeln, wenn man achtzehn wird. Ich ging mit dem Telefon aufs Klo, um ungestört reden zu können und dann sagte er mit leiserer Stimme:

„Ich kann nicht mehr schlafen, seit du mit mir so gesprochen hast. Du hast mich richtig erschreckt mit deinen Ängsten und eigentlich sollte ich mal mit deiner Mutter über dich sprechen. Aber du hast ganz schön was in mir angerichtet. Wir müssen mal vernünftig miteinander reden und dann vergessen, was du mir da gesagt hast. Ich hole dich irgendwann mal von der Schule ab, dann können wir allein für uns und in Ruhe besser miteinander reden.“

Ich schluckte heftig, denn ich fühlte, dass das jetzt ernst werden könnte, sonst hätte er nicht so mit mir gesprochen.

„Ich habe morgen nur sechs Stunden. Um zwei komme ich aus der Schule“, sagte ich nur, denn meine Stimme zitterte vor Erregung.

„Kannst du morgen kommen?“, fragte ich ihn leise.

Er wollte sich nicht festlegen, aber ich wusste, dass er kommen würde.

In der Nacht davor konnte ich kaum schlafen.

Morgens wählte ich meine Anzieh- oder besser: meine Ausziehsachen.

Ich entschloss mich, nicht den engen Jeans-Rock, sondern meinen kurzen schwarzen Faltenrock anzuziehen und ein T-Shirt.

Im Unterricht konnte ich mich nicht konzentrieren. Immer wieder malte ich mir aus, wie ich ihn küssen, wie ich ihm sein Hemd ausziehen würde, wie er mich in seine Arme nehmen würde, wie ich das in Filmen gesehen hatte.

Wir hatten Mathe und es wäre sicher besser gewesen, wenn ich richtig zugehört hätte, als uns Herr Schneider den Lösungsweg für die Hausaufgabe erklärte.
Aber ich dachte nur an Götz und ob ich ihn heute verführen könnte.
Glücklicherweise ließ mich Herr Schneider in Ruhe.

Endlich Schulschluss! Ich trug meinen Rucksack in der Hand und verließ langsam das Schulgebäude. Meine Blicke suchten Götz.
Da stand er, neben seinem Auto und winkte mir zu. Ich winkte zurück, ging auf ihn zu und versuchte möglichst gleichmütig zu tun: „Schön, dass du mich mal abholst von der Schule."
Er nahm mich kurz in seinen Arm und dann sagte er: „Komm, steig ein, wir fahren ein bisschen spazieren und gehen irgendwo ein Eis essen."
Ich küsste ihn flüchtig zur Begrüßung und schmiss meinen Rucksack auf den Rücksitz.
Es war ein angenehmer Tag, ein richtig schöner Frühlingstag, Mitte Mai, sonnig, wenn auch noch kein Badewetter. Ich sah ihn an, während er startete und losfuhr. War er auch aufgeregt?
Vor einem kleinen Eiscafé in L. hielt er. Wir fanden zwei von der Sonne beschienene Plätze und ich bestellte mir ein großes Eis mit Sahne und Früchten. Götz auch.
Danach zündete er sich eine Zigarette an und ich war erstaunt, dass er rauchte. Das hatte ich noch nie bei ihm gesehen.
„Willst du auch eine?", fragte er und ich bejahte das.
Ja, manchmal rauchte ich damals.
„Claudia, nun lass uns einmal vernünftig miteinander reden", begann er und gab sich wie ein väterlicher Freund.
Aber ich spürte, dass auch seine Stimme etwas zitterte.

Ich beugte mich zu ihm und küsste ihn auf den Mund. Sehr lange. Er wehrte sich ein bisschen und dann legte er seinen Arm um meine Schulter.

„Es macht einem Mann natürlich Spaß, wenn so ein junges Mädchen mit ihm flirtet“, fuhr fort, „aber was du von mir erwartest, kann ich dir nicht erfüllen. Es wäre ein Ehebruch und den kann ich und will ich mir nicht leisten. Vera hängt sehr an mir, auch wenn sie oft mit mir streitet. Und du solltest warten, bis du einen Mann findest, mit dem du zusammen bleiben willst. Schmeiß dich nicht einfach so weg.“

Ich war enttäuscht.

„Schmeiße ich mich mit dir denn weg?“, fragte ich zurück,

„Oder hast du Angst vor mir, Götz? Vera wird das nie erfahren und wir beide haben ein süßes Geheimnis. Warum willst du mich denn nicht?“

Er sagte wieder, dass ich ihn ganz schön durcheinander gebracht hätte  und Angst habe er natürlich nicht *vor* mir, sondern *um mich*.

„Du bist so ein liebes Mädchen, dass ich mich ewig schuldig fühlen würde. Und irgendwann kommt es dann vielleicht doch heraus. Stell dir das dann mal vor, unsere ganze Familie, Vera, mein Bruder, deine Mutter und so weiter.“

„Götz, es betrifft nur uns beide und ich habe so eine Sehnsucht nach dir. Ich brauche dich.“

Götz schüttelte wieder den Kopf und stand auf.

Wir zahlten und dann fuhren wir einfach mit seinem Auto spazieren, ohne Ziel.

Das flache Land mit Baumgruppen und grünenden Feldern zog vorbei, aber ich dachte nur, ob ich und wie ich ihn doch noch herumkriegen könnte. Ich fragte, ob ich im Auto noch eine rauchen darf und er nickte. „Ausnahmsweise. Ich rauche nie im Auto.“

Götz schwieg die ganze Zeit. Woran dachte er? An mich? Er schien nervös zu sein, schaltete zweimal falsch, sodass das Auto heftig ruckte und entschuldigte sich bei mir. Das sei ihm aber peinlich, wo er doch Automechaniker ist!

Er fuhr sehr schnell und ich sagte, dass er nicht so rasen soll, dass ich noch nicht nach Hause möchte. Nach einer langen schnurgeraden Strecke fuhr er so schnell in die Kurve, dass er zusammenschrak, weil er den Wagen kaum in seiner Gewalt halten konnte. Er bremste scharf. Ein dicker Baum am linken Seitenrand wäre uns beinahe zum Verhängnis geworden. Ich schrie auf.

Gleich hinter der Kurve bog er von der Chaussee in einen schmalen Waldweg ab und parkte das Auto am Rand.

Jetzt war es ganz still. Ich stieg aus und merkte, dass meine Knie zitterten.

Götz schwieg noch immer, Kopf und Hände auf dem Lenkrad.

„Claudia, ich will nicht, dass wir unglücklich werden", begann er schließlich und stieg auch aus. Noch einmal wollte er väterlich mit mir sprechen.

Ich umarmte ihn, drückte mich fest an ihn und küsste ihn wieder auf den Mund. Sehr lange, damit er nicht sprechen konnte. Er wehrte sich nicht mehr.

Es war hier sehr ruhig, eine Waldwiese lag hinter dem Waldrand, nicht einzusehen von der Chaussee. Hatte er den Platz für uns ausgesucht? Deshalb fragte ich ihn, ob er eine Decke im Kofferraum habe, dann könnten wir uns doch noch ein bisschen hinsetzen.

Hinlegen meinte ich natürlich im Stillen.

Er hatte eine, nicht ganz sauber mehr, aber gerade richtig für den Wald- und Wiesenboden. Ich zog meine Turnschuhe aus und setzte mich.

Er legte seinen Arm um meine Schulter und spürte sicher, dass ich etwas zitterte.

„Claudia, ich halte das nicht für …“

Ich ließ ihn nicht ausreden, sondern verschloss ihm wieder den Mund mit einem langen Kuss. Dabei fiel er nach hinten auf die Decke und ich setzte mich auf ihn. Der kurze Rock fiel weit und weich.

„Du bist verrückt, Claudia. Es ist verrückt, was du hier machst“, sagte er immer wieder.

Dann zog er mich zu sich herab und ich flüsterte ihm meine Sehnsucht ins Ohr. Er küsste mein Gesicht, meine Augen, meine Brüste und ich drückte seinen Kopf an mich.

„Du bist verrückt, du bist total verrückt“, wiederholte er immer wieder. Aber dann schien er plötzlich richtig wütend auf mich zu werden. Es war fast eine Vergewaltigung. Ich schrie auf, denn er tat mir richtig weh und nahm überhaupt keine Rücksicht auf mich. Wollte er mich bestrafen?

Einen Moment lag er danach noch still auf mir und beide atmeten wir heftig. Ich spürte, wie stark sein Herz klopfte.

Er war wieder ganz still und ich dachte, dass er ein schlechtes Gewissen hatte nach dem, was eben geschehen war.

Dann rauchten wir jeder eine Zigarette.

„Entschuldige, wenn ich etwas zu grob war. Deine Gier hat mich richtig wütend gemacht“, begann er schließlich.

Meine Gier? dachte ich. Will er mir die Schuld geben?

„So schön, wie ich dachte, war es wirklich nicht“, sagte ich enttäuscht. „Aber mach dir keine Gedanken darüber. Vera wird es nie erfahren.“

Wir lagen noch einige Zeit schweigend nebeneinander.

Der Himmel hatte sich bezogen und mir wurde kalt.

Ich zog meinen Slip wieder hoch und strich meinen Rock herunter. Während er seine Hosen wieder anzog, streifte ich auch mein T-Shirt wieder über.

Wir sprachen nicht miteinander.

Als ich mir mit dem Lippenstift die Lippen nachzog, sagte er plötzlich: „Wir haben nicht mal ein Kondom benutzt! Du hast mich so überrumpelt, dass ich an nichts mehr gedacht habe. Aber du nimmst ja wohl die Pille."

Nahm ich, wenn auch erst wieder seit gestern Abend, aber ich war mir eigentlich sicher, dass nichts passieren konnte in dieser Woche. Ich hatte meine Tage hinter mir und rechnerisch, dachte ich, wäre ich sogar sicher ohne Pille.

„Oder hast du etwa Aids?", fragte ich ihn scherzhaft zurück, um das beklemmende Gefühl zu überwinden. Da musste auch er lachen, auch wenn es etwas bitter klang: „Natürlich nicht. Ich bin doch der saubere Mann der sauberen Rechtsanwältin Vera Franke!"

Vera, dachte ich mit leiser Verachtung, die Recht-Anwältin. Wenn die das wüsste.

Von mir sollte sie es jedenfalls nicht erfahren.

Die Decke ließen wir liegen.

In der Nähe unserer Wohnung setzte er mich ab.

Ich küsste ihn noch einmal flüchtig, dann wendete er.

Immer wieder rief ich nachts, als ich in meinem Bett lag, die Erinnerung an diesen Nachmittag wach.

Warum war Götz so grob gewesen? Ich betrachtete die blauen Flecken auf meinen Oberschenkeln. Sanft streichelte ich sie und drückte das weiche Federbett zwischen meine Beine.

So lag ich noch eine Weile und schlief schließlich ein.

Um sechs Uhr sprang der Radiowecker an. Ich war gleich hellwach, denn sie spielten gerade was von „*Rosenstolz*“, meiner Lieblingsband damals.

Nun kann die Klassenfahrt kommen, dachte ich. Ich bin kein unerfahrenes Mädchen mehr, aber eigentlich war mir der Gedanke, auf der Klassenfahrt mit irgendeinem Jungen zu schlafen jetzt völlig gleichgültig. Wenn's passiert, dann passiert es eben.

Aber schwanger wollte ich doch nicht werden, ganz egal, was die anderen taten.

Ich zog meine Jeans an, legte meine drei silbernen Ketten um, das knappe T-Shirt, das den Bauch frei ließ, sodass mein Piercing zu sehen war, und packte meine Schulsachen, den Mathe- und den Deutschhefter, meine Sportsachen, die Biologiematerialien.

Ein bisschen staunte ich nur darüber, dass die Tatsache, dass ich nun keine „Jungfrau“ mehr war, mich eigentlich nicht besonders bewegte. Und meine Sehnsucht nach Götz war völlig erloschen.

Es war ja auch kein so erregendes Liebeserlebnis mit ihm gewesen. Es war eben passiert.

Ob der Zeitraum, die Pille knapp einen Tag zuvor erst wieder zu nehmen, doch zu kurz war?

Diese Frage kam mir einen Monat später, Ende Juni, also kurz vor unserer Klassenfahrt. Meine Regel war im Juni ausgeblieben und einmal war mir im Unterricht so schlecht geworden, dass ich hinaus auf die Toilette rennen musste.

Da bekam ich richtig Angst. So ernst hatte ich das mit Götz nun doch nicht gemeint, noch war alles irgendwie ein Spiel gewesen. Aber wenn ich vielleicht sogar schon schwanger bin?

Ich habe mir gleich nach der Schule aus der Apotheke einen Schwangerschaftstest besorgt. Damit war mein Taschengeld für diesen Monat allerdings alle.

Zuhause ging ich aufs Klo und machte den Test, nachdem ich die umständliche Gebrauchsanweisung flüchtig gelesen hatte. Eigentlich war es einfach: Draufpinkeln und warten, ob sich der Streifen verfärbt. Bei einer Verfärbung wäre es positiv.

Meine Finger zitterten, als ich den Streifen ansah und wartete.

„Scheiße!", ich war schwanger. Er verfärbte sich, eindeutig, und damit war es klar. Die Pille hatte noch nicht gewirkt und ich hatte mich wohl auch verrechnet.

Die Sache mit Götz hatte Folgen für mich.

Jetzt wurde ich sogar wütend auf ihn, weil er so leichtsinnig gewesen war und nicht selbst ein Kondom benutzt hatte und mir noch die Schuld geben wollte. Schließlich war er ein erwachsener Mann und hätte doch besonnener sein sollen, wenn ihn ein unerfahrenes Mädchen, seine Nichte, verführen will!

Aber war es nicht eigentlich egal? Ich wollte doch vielleicht schwanger werden, nur nicht gleich beim ersten Mal und schon gar nicht von Götz.

Als Ende August die Schule wieder begann, fragte ich einmal Birgit, was denn nun aus ihrer Idee geworden sei. Sie sagte nur: „Ach, das war doch bloß Spaß. Nein, nicht mit unseren Jungs, vergiss es!"

Vergiss es! Das war einfach gesagt. Ich war schwanger und die anderen nicht. Jetzt war es nur *mein* Problem.

Ich sagte ihnen, dass ich nun auch schwanger bin wie Bea.

„Lass es doch wegmachen, wenn du es nicht willst", sagte Birgit.

War das die Lösung? Aber ich musste es trotzdem meiner Mutter sagen und sie würde fragen, von wem und wann und so weiter.

Nein, vorerst musste es geheim bleiben. Aber wie lange?

Götz wollte ich nichts davon erzählen. Vielleicht konnte er sich was denken, wenn es erst sichtbar sein würde.

O Gott, dachte ich. Was sollte ich bloß machen?

Ende August ließ ich mir einen Termin beim Gyn geben. Vielleicht war der Test falsch. Aber meine Hoffnung darauf war gering, denn auch im Juli hatte ich keine Periode.

Ich saß im Wartezimmer, dann rief er mich herein. Ich fühlte, dass mir die Beine schwach wurden. Ich musste ihm sagen, dass ich den Verdacht habe, schwanger zu sein. Er fragte nach meinem Alter und ob ich die Pille nehme. Als ich ihm sagte, dass ich sie erst kurz vorher wieder genommen hatte, erklärte er mir das mit dem Hormonspiegel und dass der Zeitraum wohl zu kurz gewesen ist. Dann untersuchte er mich und fuhr mit seinem Handgerät für den Ultraschall auf meinem Bauch herum, den er mit Gel eingerieben hatte, und zeigte mir schließlich einen kleinen dunklen Fleck auf dem grauen Bildschirm. Ich erkannte gar nichts. Er bestätigte meinen Verdacht: „Sie sind schwanger, zwölfte Woche, wie es aussieht."

Nun war es amtlich. Das hatte ich nun von meiner blöden Angst vor dem „ersten Mal"!

Und es war noch nicht einmal schön gewesen.

Jetzt musste ich damit klar kommen.

Um mir Mut zu machen, malte ich mir immer wieder aus, wie schön es sein wird, ein Baby zu bekommen, es zu versorgen, zuzuschauen, wie es wächst. Ich malte mir aus, wie schön ich den Babykorb einrichten würde, was in meinem Zimmer umgeräumt werden müsste, wie ich das Kleine stillen werde, wie es mich anlächeln und zu sprechen beginnen würde.

Nein, wegmachen lassen kam nicht in Frage. Dann mache ich eben mein Abi als junge Mutter. Andere hatten das auch schon geschafft.

Aber schon waren die Sorgen wieder da: Ich bin richtig schwanger, ein Kind wuchs in mir und würde mein ganzes Leben verändern.

Ich unterhielt mich jetzt öfter mit Beate, die mir bisher eigentlich immer etwas fremd war.

Sie war jetzt im siebten Monat und schon ganz schön rundlich. Mit ihr konnte ich reden, wir waren in der gleichen Situation. Ich sagte ihr, dass ich auch schwanger bin. Da hat sie mich plötzlich umarmt und gesagt, dass das doch wundervoll sei und ich solle stolz sein.

Na ja, stolz? Dass ich Götz verführt hatte?

Später hat sie mir ihre Geschichte erzählt. Die war beinahe noch seltsamer als meine mit Götz:

Sie ist schon neunzehn, ein Jahr älter als wir, weil sie in der sechsten Klasse sitzengeblieben war. Sie sei damals ein schwieriges Kind gewesen, sagte sie, und ihre Mutter, die schon lange geschieden war, sei überhaupt nicht mehr mit ihr klargekommen.

Dann habe ihre Mutter einen Mann kennen gelernt und geheiratet, der einen Sohn mit in die Ehe brachte aus seiner Ehe mit einer Frau, die an Krebs gestorben war. Bea war das egal, aber nun hatte sie plötzlich einen drei Jahre älteren Bruder.

Sie seien nun eine ‚Patchworkfamilie', sagte sie und das sei das Beste gewesen, was ihr passieren konnte. Mit dem neuen Vater kam sie gleich besser zurecht als mit ihrer eigenen Mutter und ihr neuer Bruder sah nicht nur ganz gut aus, er war auch ein Mathe-As und half ihr bei den Hausaufgaben. Er bewohnte, nachdem der neue Vater bei ihnen eingezogen war, das andere Zimmer im Obergeschoss ihres Hauses.

Die Eltern waren sehr froh, dass sich die beiden gut verstanden, weil Beate seitdem auch ausgeglichener war.

Aber dann musste Frank, ihr neuer Bruder, zum Bund und sie hatte Sehnsucht nach ihm wie nach einem Freund.

Er war bald mehr.

Als Frank einmal Urlaub hatte, erzählt sie, hätten sie sich eines Morgens nach einer gemeinsamen Nacht ihren Eltern als Liebespaar vorgestellt. „Wir sind ganz langsam die Treppe heruntergekommen, umarmten und küssten uns noch einmal und dann haben wir uns lächelnd an den Frühstückstisch gesetzt“, erzählte sie.

Ihre Eltern seien wohl etwas erschrocken gewesen über diese Entwicklung, denn sie ahnten sofort, was geschehen war. Sie taten aber nichts dagegen, dass ihre Tochter offensichtlich mit Frank schlief. Darüber wunderte sich sogar Beate.

Und dann wurde sie schwanger, jetzt, mit neunzehn. Sie wollte es. Ihre Eltern schimpften jedoch nicht, sondern freuten sich schließlich mit beiden, denn irgendwie sahen sie es wohl als ihr gemeinsames Kind.

Irgendwie patchworken sie wohl alles in ihrer Familie, dachte ich.

Ihre Geschichte machte mich trotzdem ein bisschen neidisch. Ich musste es ohne einen „Bruder“ schaffen.

Beate blieb dann zu Hause und wartete auf die Geburt.

Ich richtete mich jetzt ganz darauf ein, schwanger zu sein.

Anfang des vierten Monats merkte ich, dass mir meine Röcke, die ich bisher trug, nicht mehr passten, dass sie am Bauch spannten. Man sah noch nicht viel, aber ich brauchte andere Sachen, ab jetzt wohl erst mal die „40“ oder noch größer?

Am besten irgendetwas Weites, was locker über Bauch und Hüften fiel, aber nicht gleich nach ‚Umstandskleid’ aussah.

Ich hatte aber gar kein Geld dafür.

Götz, Onkel Werner und Maerthe besuchten uns im September. Götz lächelte mich an und als er fragte, wie es mir ginge, merkte ich, dass das nicht nur so eine Höflichkeitsfrage war.

„Es geht so“, antwortete ich ausweichend. Er merkte, dass etwas mit mir nicht stimmte und schaute mich fragend an. „Alles okay mit dir?“ Da konnte ich es einfach nicht verschweigen und sagte: „Nein, ich bekomme ein Kind.“ Er riss die Augen auf und ich glaube, er ist blass geworden nach meinem Geständnis. „Von mir etwa?“, fragte er ängstlich.

„Weiß ich nicht. Du bist ja nicht der einzige Mann auf der Welt“, log ich ausweichend. Er sollte sich nicht belastet fühlen.

Da sah er mich ganz entsetzt an.

„Was ist denn aus dir geworden? So darfst du nicht reden! Und ich bin womöglich schuld daran! Weiß es Margot schon?“

Margot ist meine Mutter.

„Nein, aber ich sage es ihr bald. Halte du dich bitte heraus!“

„Aber du nimmst doch die Pille, hast du gesagt.“

„Habe ich wohl mal vergessen.“

„Claudia! So etwas vergisst man doch nicht!“

Dann schwieg er und sah mich sehr ernst an, ängstlich und ratlos. Er blieb sehr still an diesem Nachmittag und schaute mich immer wieder an. Mein Zustand bedrückte ihn offenbar.

„Wenn ich dir irgendwie helfen kann, dann sag es mir“, flüsterte er mir beim Abschied zu.

„Du hast mir einmal geholfen und das reicht mir“, antwortete ich kurz. „Ich wollte es so und nun mach dir keine Sorgen um mich. Ich bin okay und glücklich.“

Am Abend entschloss ich mich, es meiner Mutter zu sagen. Davor hatte ich große Angst, denn sie war stolz auf mich und meine guten schulischen Leistungen. Wie würde sie reagieren?

An dieses Gespräch erinnere ich mich noch sehr genau.

Ich hatte ein schönes Abendbrot vorbereitet und war ganz lieb zu ihr. Das war ihr schon auffällig und sie sah mich plötzlich ganz eigenartig an.

„Mutti, ich muss dir etwas sagen, was unser Leben verändern wird", begann ich. Sie setzte sich zu mir auf die Couch und schaute fragend.

„Du bist schwanger, nicht wahr?" Sie hatte es also schon gesehen.

„Ja", gestand ich, „aber frage nicht von wem. Das werde ich niemals sagen."

„Ach, Claudia, ich ahnte das irgendwie. Ich sah ja, was du neuerdings anziehst. Mein Gott, so kurz vor dem Abi! Habt ihr euch nicht geschützt? Du nimmst doch die Pille! Wie konnte das denn passieren? Und ich war immer so stolz auf meine vernünftige Tochter."

„Ist eben trotzdem passiert. Ich hatte sie abgesetzt und erst kurz vorher wieder genommen. Ich werde das Abi eben ein Jahr später machen."

Sie schwieg erst mal und ich sah sie ängstlich an. Hoffentlich gibt es jetzt keine Standpauke über Leichtsinn und so, dachte ich nur.

„Warst du schon beim Arzt?"

„Ja, natürlich. Es ist amtlich, wohl vierzehnte Woche, jetzt."

„Ach, Kind, Weißt du, was da alles auf uns zukommt?"

Jetzt brach ihr Ärger richtig aus: „Dein ganzes Leben ändert sich damit! So ein Leichtsinn! Mit achtzehn schon ein Kind! Bist selbst noch fast eins. Und die Kosten, wenn du auf Unterhaltszahlungen verzichten willst! Wenigstens daran solltest du jetzt denken."

Ihre Stimme war laut geworden, sie war aufgesprungen, stand jetzt vor mir und schüttelte immer wieder den Kopf.

Damit sie sich nicht noch mehr aufregt, zog ich sie wieder neben mich auf die Couch und legte meine Hand auf ihren Arm. Ich musste heftig schlucken und Tränen stiegen mir hoch.

Mutti schwieg lange.

„Nein, töten werden wir das Baby natürlich nicht, ist ja auch schon zu spät", sagte sie dann langsam.

Da fiel ich ihr um den Hals, weinte und dankte ihr.

„So ein Blödsinn", begann sie noch einmal ärgerlich, „du hast keinen Abschluss, kein Geld, aber ein Kind! Und dass ich mit vierzig schon Oma werde, verzeihe ich dir auch nicht!"

Ich musste unter Tränen etwas lachen.

„Ich finde das zwar gar nicht zum Lachen. Aber es ist eben nicht mehr zu ändern. Wann ist es denn überhaupt passiert? Ist Götz etwa der Vater?"

Wie kam sie denn so schnell darauf?

Was Mütter alles ahnen, dachte ich erschrocken.

„Wieso denn Götz? Er ist doch mein Onkel! Nein, nein, auf der Klassenfahrt ist das passiert", sagte ich schnell, „ja, ich weiß, ich war zu leichtsinnig. Aber das Kind will ich jetzt haben. Wir schaffen das doch?"

Ich war so erleichtert nach diesem Gespräch. Meine Mutter fragte nicht weiter, wer der Vater sei. Sie hatte gespürt, dass ich das auf keinen Fall sagen würde.

Warum aber hatte sie gleich auf Götz getippt? Hoffentlich kommt das nie heraus, dachte ich.

Im Oktober sahen dann alle in der Klasse, dass ich schwanger war. Mein Bauch ließ sich nicht mehr verstecken. Aber alle fragten mich immer wieder, wie es mir ginge. Sie hatten wohl auch ein schlechtes Gewissen. Hoffte ich jedenfalls,

Nach den Weihnachtsferien blieb ich zu Hause, besuchte weiterhin die Schwangerschaftsberatungen und Ende Februar wurde Clara geboren. Meine Mutter hatte mich in ihr Krankenhaus gebracht und auch abgeholt. Die Geburt verlief ohne Komplikationen.

Nun war ich eine junge Mutti, stillte mein Kleines, windelte es und hatte den ganzen Tag zu tun. Zum Glück war Clara ein ruhiges Kind, das nachts bald durchschlief und mir die Zeit nach der Geburt nicht allzu schwer machte. Stolz schob ich als junge Mutter den Kinderwagen durch unsere Stadt. Meine Schule mied ich zunächst. Es machte mich wehmütig daran zu denken, dass die anderen sich jetzt auf das Abitur vorbereiteten.

Erst Ende Mai besuchte ich meine Mitschüler.

Leider stand mein Kinderwagen allein vor der Schule.

Sie umstanden mich und ich zeigte allen mein Baby. Sie fanden es so niedlich, die kleinen Fingerchen, den süßen Mund und wie es schon guckte, den niedlichen Strampelanzug und ich sah einigen an, dass sie sogar etwas neidisch waren.

Mit der Schulleitung besprach ich die weiteren Modalitäten. Sie hatte das alles auch schon mit Bea besprochen und ich hörte keinen Vorwurf. Ich würde im September wieder in der dreizehnten Klasse anfangen, mit Bea, die unterdessen auch schon ihr Kind bekommen hatte, einen strammen Jungen, den die ganze Patchworkfamilie nun umsorgte. Ich traf sie öfter in der Stadt oder ihre Mutter, die dann den Kinderwagen schob, als wäre es ihr eigenes Kind. Irgendwie sahen sie es wohl auch so in dieser Familie.

Im Mai besuchten uns unsere Verwandten, um das Kind zu sehen und, auch wenn es einigen wohl schwerfiel, mir zu gratulieren.

Auch Götz und Vera.

„Und es ist wirklich nicht mein Kind, die kleine Clara?“ fragte er mich leise und, wie mir schien, sehr ängstlich.

„Nein, nein, das kann nicht sein“, beteuerte ich. „Es war auf der Klassenfahrt. Aber ein Kondom hättest du damals wirklich besser benutzen müssen.“

Ein bisschen schuldig oder wenigstens unsicher sollte er sich schon fühlen.

Er war verlegen, aber schwieg und dann ging er zu seiner Vera und gab ihr einen Kuss.

Da begann ich ihn zu verachten. Klar, ich hatte ihn verführt, aber er hat sich verführen lassen, ein verheirateter Mann von seiner achtzehnjährigen Nichte! Und ganz ohne Schutz! Und mein ganzer Lebensweg war nun verändert. Seinetwegen!

„Die Kleine hat die gleiche Nase und Augenpartie wie Götz“, kicherte Maerthe plötzlich. Ich sah sie erschrocken an. Sah man das? Auch meine Mutter sah mich wieder so fremd an. Irgendwas muss sie damals wohl geahnt haben.

„Ist eben unsere Familie“, sagte ich ablenkend, obwohl das ja Unsinn war. Er war ja nicht blutsverwandt mit uns.

Götz trat an den Wagen heran und besah sich das Kind, sein Kind. Ich drängte ihn weg.

Etwas später kam er noch einmal zu mir: „Ich habe das nachgerechnet und glaube doch, dass ich der Vater sein könnte. Sollten wir nicht mit deiner Mutter darüber reden? Ich nehme die Schuld auf mich. Wie es dann mit Vera weitergeht, weiß ich nicht, aber mit diesem ständigen Schuldgefühl kann ich nicht weiter leben.“

Ein bisschen tat er mir jetzt leid. Seine Ehe wollte ich ja nicht zerstören, aber ich wollte und brauchte ihn nicht als Vater meiner Tochter: „Ja, vielleicht ist Clara deine Tochter, aber ich will dich nicht als Vater. Wir lassen alles so, wie wir es damals abgemacht haben, hörst du. Du musst dich nicht schuldig fühlen, denn es war mein Wunsch und ich bereue nichts."

Ich sagte das mit großer Bestimmtheit. So ein Gespräch wollte ich nicht noch einmal mit ihm führen.

„Kümmere dich um deine Frau und denke nicht mehr an mich." Es sollte wie ein endgültiger Abschied klingen.

Den Fünfzig-Mark-Schein, den er mir zum Schluss heimlich zusteckte, nahm ich trotzdem, ich brauchte das Geld. Aber ich hasste ihn dafür.

Im September waren dann auch Mandy und Birgit wieder in meiner Klasse. Die hatten das Abitur nicht geschafft, die eine wegen Mathe, die andere wegen Englisch, und wiederholten die Dreizehnte. So wurde wenigstens ein Stück von unserem Traum wahr: Wir blieben noch ein Jahr zusammen. …

Hier endeten meine Tagebuchaufzeichnungen, die ich nun zu einer Erzählung zusammengestellt habe.

Ich beachtete Götz nicht mehr und hoffte, dass er das mit mir vergessen könnte. Aber wenn er und Vera uns besuchten, was immer seltener wurde, sah ich seinen unruhigen und zweifelnden Blick, mit dem er mich ansah.

Wir sprachen nur über Unverbindliches.

Später, als ich schon wieder zur Schule ging, fragte Götz mich trotzdem, was ich nach der Schule machen wolle.

Ich sagte, dass ich noch überlege. Studium ginge ja wohl nicht mehr und da schlug er vor, dass Vera mir da behilflich sein könnte. Sie sei doch selbst Rechtsanwältin und kenne einen guten Bekannten, der eine Rechtsanwaltsgehilfin suche, mit Ausbildung.

Ich dankte ihm und fand den Gedanken eigentlich attraktiv.

Mit etwas Glück bekam ich einen Ausbildungsplatz, leider eben ausgerechnet mit Hilfe von Vera Franke und ihren guten Beziehungen.

Weil ich trotz der Belastung mit Clara, die ich in einer Krippe unterbringen konnte, einen guten Abschluss erreichte, die Rechtschreibung sicher beherrsche und recht gut reden kann, erhielt ich schließlich eine Anstellung als Rechtsanwalts- und Notargehilfin bei Dr. Rippel. Die Stelle ist einigermaßen sicher, denn er ist ein erfolgreicher Notar und ich habe viel zu tun.

Ein bisschen bin ich also doch Juristin geworden.

Ich muss sehr sorgfältig und konzentriert arbeiten, damit er immer alle Unterlagen sofort findet, muss mit Mandanten sprechen, telefonieren und so weiter. Er schätzt meine Arbeit, glaube ich.

Mich hat er immer mit Verständnis behandelt, wenn es mal Probleme mit Clara gab, aber das war selten.

Allerdings habe ich täglich fast zwei Stunden Fahrtweg nach G.

Als ich die Ausbildung beendet hatte, zog ich aus der Wohnung meiner Mutter aus. Sie war für uns drei zu klein und ich wollte mit Clara jetzt allein leben.

Einmal, das muss ich noch nachtragen, schien es mir, als ob Vera doch etwas ahnte. Das war zur Einschulungsfeier meiner Tochter.

Sie war eine Weile mit Clara allein in ihrem Zimmer. Mir gefiel das nicht und anschließend fragte Vera mich so seltsam nach dem Vater von Clara und warum ich nie über ihn sprechen wollte. Da habe ich mich umgedreht und sie stehen gelassen. Ich mochte ihre Zuwendung nicht.

„Dann eben nicht“, sagte sie verärgert.

Ich dachte, dass sie vielleicht ein bisschen neidisch auf mich ist, denn ihre Ehe war kinderlos.

An Götz konnte es ja  nicht liegen.

Sie sprachen nie über sich und ich nicht mit Götz.

Aber um ihn und seine Ehe mit Vera machten wir uns mehr und mehr Sorgen. Er schien immer so bedrückt, wenn er zu uns kam, verschlossen. Meine Mutter meinte, sie würden sich wohl scheiden lassen und dann schaute sie mich wieder so an, als ob ich Schuld daran hätte.

Das dachte ich auch manchmal, vor allem aber jetzt nach dem Unfall.

Ich sollte wohl Recht haben mit dieser Vermutung:

Kurz nach der Beerdigung rief mich Vera zuhause an, zum ersten Mal. Ob ich mit ihr zusammen zu der Unfallstelle fahren möchte, dorthin, wo Götz umgekommen war.

Ich verneinte das erst, aber dann bat sie mich in einem Ton, den ich so von ihr noch nie gehört hatte. Da sagte ich zögernd zu.

Vergangene Woche waren wir an der Unfallstelle

Es war genau die scharfe Kurve, an der er damals mit mir fast die Gewalt über das Auto verloren hatte. Ich sah wieder den dicken Baum, den ich auch damals bemerkt hatte. Dort legten wir einen Blumenstrauß ab.

Vera hatte während der Fahrt geschwiegen, aber ich fühlte, dass sie mit mir reden wollte und ahnte, dass es mich und Götz betraf.

Wir standen an dieser Waldwiese.

„Ich weiß das von dir und Götz“, begann sie unvermittelt.

Ich schaute sie erschrocken an.

„Götz hat mir vor zwei Jahren alles gesagt. Wir hatten eine ziemliche Krise in unserer Ehe, weil er mich plötzlich ständig bedrängte, ein Kind zu bekommen. Ich war Ende dreißig und beruflich sehr angespannt. Du weißt ja, wie es zugeht in einem Rechtsanwaltsbüro und wir hatten noch hohe Schulden wegen einer Renovierung meiner Kanzleiräume. Es passte einfach nicht mehr. Ich verstand auch nicht, warum er kurz vor seinem vierzigsten Geburtstag noch unbedingt Vater werden wollte.

Ja, ich reagierte damals sehr heftig und da schrie er, dass er froh sei, vielleicht wenigstens *ein* Kind zu haben. Deine Clara. Ich muss dir nicht erklären, was das für ein Schock für mich war."

Vera schwieg und ich dachte nur: „Mein Gott, sie weiß es schon so lange und hat nichts gesagt."

Es dauerte lange, bis sie weiter sprach: „Ich wollte trotzdem keine Trennung. Sie hätte nichts geändert und so sprachen wir irgendwann einmal wieder vernünftig miteinander. Da erzählte er mir mehr von dir, von deiner Angst damals und seiner Wut, auch auf dich. Er fühlte sich schuldig, weil er mit seinem Leichtsinn dein ganzes Leben so verändert hätte, ganz gleich, ob das Kind von ihm ist oder nicht.

Einmal waren wir sogar hier, wo ihr beide …"

Sie brach den Satz ab.

„Ich versuchte dich zu verstehen. Es war sechs Jahre her, aber es gibt eben keine Verjährung bei Ehebruch. Und immer, wenn ich dich und dein Kind seitdem sah, brannte es wie eine Wunde in mir. Jetzt verstand ich auch, warum Götz mich damals so gedrängt hatte, dir die Stelle bei Rippel zu besorgen. Er fragte mich sogar, ob er sich nicht bekennen sollte, damit uns Clara öfter besuchen könnte. Aber dann hätte er wohl auch zahlen müssen, doch er sei eben nicht sicher, ob er wirklich der Vater ist. Du hast es ja nie zugegeben. Wir einigten uns schließlich darauf, nichts zu sagen, irgendwie zu versuchen, miteinander auszukommen und die Sache zu verdrängen."

Wieder schwieg sie und auch ich wusste nicht, was ich ihr jetzt sagen sollte. Einen Vorwurf machen, dass er sich dann doch nicht bekannt und mich finanziell unterstützt hat? Aber das wollte ich ja nicht. Hätte sie ihn dazu nicht bewegen müssen? Deshalb sagte ich auch nicht, dass mir das alles längst leid tue und dass ich ihre Ehe natürlich nicht zerstören wollte.

Meine Kehle war wie zugeschnürt.

„Es ist uns nicht gelungen", sagte Vera nach einer Weile. „Götz wandte sich ganz von mir ab, war in sich gekehrt und ich konnte ihm nicht verzeihen. Ich weiß nicht, was in ihm vorging. Wir sprachen kaum noch miteinander, lebten nebeneinander, schliefen in getrennten Räumen und versuchten noch den äußeren Schein zu wahren.

Er kaufte sich dann das Motorrad, war ständig damit unterwegs. Immer in Unruhe. Und ich ging in meiner Arbeit auf.

Als er nach der Winterpause sein Motorrad sorgfältig putzte, beobachtete ich ihn zufällig. Irgendwie hatte ich ein ungutes Gefühl dabei. Dann fuhr er los, ohne sich zu verabschieden. Und dann dieser Unfall. Ausgerechnet hier."

Sie schwieg wieder und dann sagte sie leise: „Ich glaube, dass es Absicht war."

„Ja, ich auch", sagte ich ebenso leise. Es war das einzige, was ich ihr antworten konnte.

Auf der Rückfahrt schwiegen wir beide.

Erst beim Aussteigen sagte ich ihr, dass Clara Götz' Tochter ist: „Es gab keinen anderen Mann."

Sie umarmte mich schweigend. „Es ist gut, dass ich es nun weiß. Ich wünsche euch beiden alles Gute. Vielleicht kann Clara mich gelegentlich besuchen? Götz lebt schließlich in ihr."

Recht ist mir das nicht, bevor ich nicht mit Clara über mich und ihren Vater gesprochen habe. Aber ich weiß nicht, ob und wann ich das machen sollte.

Sie hat seit der Beerdigung nicht noch einmal nach ihrem Vater gefragt, aber irgendwann wird sie es wieder tun. Wahrscheinlich, wenn sie in die Pubertät kommt, da wollen Kinder das immer ganz genau wissen. Aber das ist ja noch ein paar Jahre hin.

Ich hoffe sehr, dass sie mit sich gewissenhafter sein wird als ich damals.

Und dass sie nicht ihre Unschuld verachtet wie ich damals.

Ich wusste jetzt nur, dass ich schuld war an Götz' Tod.

Aber ich allein

# *Nadjas Verführung*

Das graue, monumentale Gebäude, in dem ich bis 1998 das Gymnasium besucht habe, ist 1910 erbaut worden und nun hat meine damalige Schule alle ehemaligen Schüler und Lehrer zu einer Hundertjahrfeier eingeladen.

Ob ich hingehe?

Sicher würde ich ein paar Mitschüler von damals wiedersehen und vielleicht auch einige meiner Lehrer. Das wäre vielleicht Grund genug, obwohl ich nicht so viel Sehnsucht danach habe, zu erfahren, wer nun alles erfolgreich studiert hat, wer sich ein Haus gebaut hat, ob ein paar damalige Liebespaare dann auch geheiratet haben und wie viele Kinder meine ehemaligen Mitschülerinnen unterdessen haben. Zu den Schülern meiner letzten Klasse in dieser Schule hatte ich ohnehin nur noch wenig Kontakt, weil ich Mitte der zwölften Klasse (damals machten wir das Abitur erst in der dreizehnten Klasse) noch vor dem Abitur die Schule wechseln musste. Der Grund: Mein Vater, er ist Oberstleutnant bei der Bundeswehr, musste wieder einmal seinen Arbeitsort wechseln, weil seine Garnison nach Norddeutschland verlegt wurde und meine Familie mit ihm. Schicksal einer Offizierstochter. Wir hatten lange beratschlagt, ob ich irgendwo bei Bekannten für dieses eine Jahr noch wohnen könnte, aber wir fanden keine akzeptable Lösung.

Der einzige Grund, zum Hundertjährigen meiner langjährigen Schule zu fahren, wäre für mich Carsten, Carsten Gröschke, mein Musiklehrer in der elften und zwölften Klasse, meine große Schulmädchenliebe.

Ja, in den war ich verliebt. Er war noch recht jung, Mitte dreißig, glaube ich, und machte einen außerordentlich engagierten Unterricht.

Seinetwegen ging ich jeden Tag gern zur Schule, seinetwegen sang ich im Schulchor, seinetwegen nahm ich an allen Proben und Aufführungen zu Schulfesten, Wettbewerben und Ausscheiden teil, für ihn wählte ich morgens meine Anziehsachen, wenn wir Musik an diesem Tag hatten. Um ihn rankten sich alle Träume einer Siebzehn- und Achtzehnjährigen. Ich habe ihn bis heute nicht vergessen, auch wenn ich meine Gefühle von damals heute etwas nüchterner zu sehen versuche.

Er muss etwas von meiner Sehnsucht zu ihm gespürt haben, vielleicht bestimmte sie auch sein Gefühl mir gegenüber. Einiges spricht dafür.

Ein Ereignis blieb nachhaltig in meiner Erinnerung.

Das war so:

Kurz vor den Herbstferien, als ich in der zwölften Klasse war, hatte mich Herr Gröschke mal nebenbei gefragt, was ich in den Ferien mache. Wir unterhielten uns manchmal auch so privat. Ich erzählte ihm, dass ich in den Ferien zu meinen Großeltern nach Zinnowitz fahren würde. Obwohl es an diesem Tag ziemlich kühl war, hatte ich meinen neuen, ziemlich kurzen schwarzen Rock angezogen, natürlich ihm zuliebe. Ich hatte bemerkt, dass er mich gern verstohlen anschaute und ich ihn vielleicht sogar etwas reizte. Ich war deshalb an diesem Tag im Unterricht extra aufgestanden, unter dem Vorwand, das Fenster zu öffnen. In Wirklichkeit sollte er mich nur mit meinem neuen Rock sehen.

Nach der Stunde bummelte ich auch noch lange im Musikraum, um meine Sachen einzupacken und so kam es zu diesem Gespräch.

Ich glaube also nicht, dass es wirklich Zufall war, als ich ihn plötzlich zwei Wochen später dort in Zinnowitz auf der Hauptstraße traf. Er tat sehr erstaunt: „Hallo, Nadja! Na, das ist ja eine Überraschung! Was machst du denn hier?“ Was wohl. Ich hatte ihm doch gesagt, dass ich in den Ferien zu meinen Großeltern fahre. Ich tat auch sehr erstaunt und dann fragte er, während wir noch etwas unschlüssig gemeinsam durch die Stadt bummelten, ob wir ins Eiscafé gehen wollen. Da saßen wir dann und plauderten über die Schule. Die Temperatur war noch einmal mild und ich genoss die unerwartete Nähe zu meinem Lieblingslehrer. Das muss er gespürt haben!

Er erklärte mir, dass seine Frau zur Kur sei und dass er sich gedacht hätte, ein paar Tage an der Ostsee zu verbringen. Das klang wie eine Rechtfertigung.

„Aber dass ich dich hier treffe!“

Ich war nicht überzeugt von dem „Zufall“, spielte aber mit, war sehr aufgeregt und dann zeigte ich ihm das Haus, in dem ich bei meinen Großeltern wohnte. Als wir vor dem Haus standen, etwas zögerlich, weil wir uns verabschieden wollten, trat meine Oma vors Haus. Sie sah uns und bat uns doch hereinzukommen. „Das ist mein Musiklehrer“, erklärte ich ihr. „Er hat mich hier zufällig getroffen.“ Das sei aber ein Zufall! und sie lud uns ins Haus und machte uns einen Kaffee.

Mein Opa war auch früher Lehrer, für Deutsch und Geschichte, und die beiden kamen auch bald richtig gut ins Gespräch.

„Sie sind Musiklehrer? Ich habe hier Orgel gespielt. Das gab zu DDR-Zeiten oft Probleme, weil ich auch sonntags manchmal zu den Gottesdiensten gespielt habe. Das wollte mir die Schulbehörde verbieten. Aber wir waren hier weit weg von der großen Politik. Können Sie auch Orgel spielen?“

Carsten – er hatte mir im Café das ‚Du' angeboten – verneinte, aber er spiele Klavier. Das sei ähnlich, aber eigentlich doch ganz anders, weil die Orgel den Ton nur hält, solange man die Taste drückt, erklärte mein Opa. Und dann kommen die Pedale hinzu. Jedenfalls plauderten sie so lange, bis mein Opa ihm anbot, am nächsten Tag in der Kirche spielen zu können. Er habe den Schlüssel und dann erklärte er ihm, wo der Schalter für den Elektromotor, für das Gebläse sei und, wenn er wolle, könne er ja mal ein bisschen probieren. „Nadja hört sicher gerne zu, nicht wahr, Nadja?"

Was sollte das? Ich war verlegen und mir war das erst mal nicht recht, aber reizvoll fand ich es dann doch, einen Grund zu haben, ihn am nächsten Tag wieder treffen zu können und mit Carsten in der Kirche zu sitzen, während er Orgel spielt. So kam es, dass wir uns für den nächsten Tag verabredeten. Ich sollte dann den Schlüssel für den Zugang zur Empore mitbringen.

Abends im Bett überlegte ich mir das Ganze noch einmal. Irgendwie fand ich es unwahrscheinlich, dass es Zufall gewesen sein soll, dass wir uns hier getroffen haben. Ich stellte mir vor, wie er jetzt in seinem Hotel schlafen gehen würde und vielleicht auch an mich dachte.

Wir trafen uns am nächsten Tag, wie verabredet, um halb elf vor der kleinen Kirche. In der Kirche war es kalt und es roch etwas muffig. Wir kletterten die schmale Holztreppe hinauf zur Empore, wo das Orgelmanual stand. Ich zeigte ihm den Hauptschalter für das Gebläse und er schaltete ein. Dann begann er zu spielen. Es klang nicht richtig, denn er war Klavierspieler und nicht gewöhnt, dass der Ton in dem Moment weg war, wo er die Taste nicht drückte. Allmählich kam er damit besser zurecht und improvisierte etwas, was nach Bach klang.

Ich hatte mich neben ihn auf die Orgelbank gesetzt.

Er spielte noch ein bisschen und dann erklärte er mir, dass er das nicht richtig könne. „Eine Orgel ist eben kein Klavier", sagte er. Mir war das egal, ich fand es schön und mein Herz klopfte spürbar, als ich so neben ihm auf der Bank saß.

Da schaute er mich plötzlich an. Dieser Blick traf mich, denn er sagte etwas aus, was über alles hinausging, was mir zwischen einer Schülerin und einem Lehrer denkbar schien. Ich neigte meinen Kopf etwas zu ihm hinüber.

*Da küsste er mich. Ich war ein bisschen erschrocken, aber irgendwie hatte ich es auch erwartet. Er lächelte verlegen.*

Ach, Quatsch! Er hat mich natürlich nicht geküsst, ich hatte es aber erwartet und mir schließlich so eingebildet.

Ich glaube aber, dass er gespürt hatte, was ich da eben gedacht hatte. Wir verließen die Kirche schweigend.

„Die kochen gut in meinem Hotel. Wollen wir abends noch zusammen essen?“, fragte er beim Abschied vor dem Haus meiner Großeltern und ich sagte natürlich zu. Meiner Oma erklärte ich, dass ich noch ein bisschen in die Disco ginge. Sie solle nicht auf mich warten. Vielleicht würde ich über Nacht wegbleiben, ging es mir unbewusst durch den Kopf.

Dann überlegte ich, was ich anziehen könnte. Für den kurzen Rock war es schon zu kalt und es wäre wohl auch irgendwie unpassend abends im Hotel. Also einfach meine Jeans und meine Pumps, damit ich erwachsener wirkte.

Carsten erwartete mich schon in dem Gästesaal. Der Raum war nicht sehr groß, kleine Wandlampen spendeten ein gedämpftes Licht und auf den Tischen, an denen Gäste saßen, brannten Kerzen. Der Raum war stilvoll mit maritimen Bezügen ausgestattet.

Er hatte bereits eine Flasche Wein bestellt und fragte mich: „Du trinkst doch ein Glas Rotwein?“, und ich nickte.

Ich konnte vor Aufregung kaum sprechen. Wann sitzt man schon als Schülerin abends mit einem Lehrer zusammen? Noch dazu verliebt. In seinem Hotel. Wir unterhielten uns aber ganz locker. Er plauderte unterhaltsam über seine Liebe zum Jazz, über die Schule, über die Lehrer und ich war erstaunt, wie sehr sein Urteil über seine Kolleginnen und Kollegen auch meiner Meinung entsprach. Ich war aber immer wieder unkonzentriert, denn ich dachte nur, was, wenn er mich jetzt mit auf sein Zimmer nehmen will?

Da bekam ich Angst. Was sollte ich tun? Mit ihm schlafen? Ich war gerade erst achtzehn geworden und alle meine Ängste vor diesem ersten Mal standen vor mir.

Und dann noch mit meinem Lehrer!

Ja, ich mochte ihn sehr, aber *das* wollte ich jetzt eigentlich doch nicht mehr. Und erwartete es trotzdem.

*„Darf ich dir noch mein Zimmer zeigen?" Das war die Frage, die ich befürchtet hatte. Ich nickte nur stumm und wusste, jetzt wird es ernst. Er würde mich jetzt verführen und ich wollte es auch, heute Nacht. Er wirkte etwas verlegen, als ich so vor ihm in seinem Zimmer stand, nahm mich in seinen Arm und zog mir mein T-Shirt über den Kopf. Ich stand im BH vor ihm und öffnete die Knöpfe seines Hemdes, genau, wie ich das aus Filmen kannte.*

„Hallo, du bist wohl etwas müde?"

Die Frage schreckte mich auf. War ich eingenickt? Wir saßen immer noch im Restaurant. Das mit seinem Zimmer war nur ein Tagtraum und nur in meiner Phantasie geschehen. Ich verneinte heftig, müde zu sein, aber nach einem Blick auf die Uhr stand er auf, umarmte mich kurz und wünschte mir einen guten Heimweg und eine gute Nacht. „Träum was Schönes!"

Ja, was denn? Hatte ich ja schon.

Als ich in meinem Bett lag, dachte ich noch einmal über das alles nach. Ich war jetzt doch froh, dass mich nur meine Phantasie in eine Situation geführt hatte, die von der Wirklichkeit weit entfernt war.

Aber ein bisschen enttäuscht war ich doch.

Es blieb beim „Du“, als wir uns nach den Ferien in der Schule wieder sahen, aber das hatte er auch schon vielen anderen Mädchen in meiner Klasse angeboten und unser Verhältnis war, abgesehen von meinen Phantasieträumen, eigentlich normal.

Eines Tages, ein paar Wochen später, lud mich Carsten ein, ein Stück mit ihm gemeinsam für die Abiturfeier einzuüben. Da wusste ich schon, dass der Umzug endgültig beschlossen war und ich an der Abifeier nicht teilnehmen würde. Carsten wusste davon noch nichts. Trotzdem sagte ich zu. So ging ich zum ersten Mal zu ihm nach Hause. Er wohnte etwas außerhalb von Z. und ich musste das Fahrrad nehmen. Das war im Februar.

Ich schminkte mich ein bisschen und sprühte mich mit dem teuren Parfüm meiner Mutter ein. Den Song hatte ich schon einstudiert, er begleitete mich am Klavier und es klappte auch ganz gut, aber irgendwann würde ich ihm heute noch sagen müssen, dass es gar nicht meine Abifeier werden würde.

Er machte uns einen Kaffee, ich saß wieder neben ihm wie damals auf der Orgelbank. Da fragte ich ihn, ob das damals in Zinnowitz wirklich nur Zufall war, als wir uns getroffen hatten.

Er schaute mich einen Moment etwas irritiert an und sagte: „Ja, was denn sonst?“ Als er meinen ungläubigen Blick sah, korrigierte er sich. „Na ja, ganz zufällig nicht. Ich wusste ja, dass du dort deine Ferien verbringst, aber das hatte nur das Ziel Zinnowitz bei mir bestimmt.“

„Soll ich dir sagen, was ich damals für eine Angst hatte, dass du mich mit auf dein Zimmer nehmen willst? Ich hatte noch nie mit einem Mann geschlafen.“

Er lachte amüsiert über mein freimütiges Bekenntnis und legte wie zufällig seine Hand auf meinen Oberschenkel. Dort hielt ich sie fest, als ich sagte: „Und nun ziehe ich weg von hier."

„Was?" Er schaute mich ganz entsetzt an.

„Hast du denn niemand hier, bei dem du noch bis zum Abitur wohnen könntest?"

„Nein, wir haben alle Möglichkeiten durchdacht."

Carsten schwieg eine Weile, dann sagte er leise: „Ich würde dich gern bei mir wohnen lassen. Du weißt, ich lebe getrennt von meiner Frau und wohne allein hier. Platz wäre genug für uns beide. Aber da würden wir wohl Probleme mit der Schulbehörde bekommen."

Nicht nur mit der Schulbehörde, dachte ich sofort.

Auch meine Eltern würden lautstark dagegen protestieren: eine Achtzehnjährige, die bei ihrem Lehrer wohnt! Nein, das ging wirklich nicht.

Und in diesem Moment war sie wieder da, die ängstliche Erwartung, dass gleich etwas geschehen könnte, was dann wirklich nicht mehr zurückzunehmen gewesen wäre: Wenn er ES jetzt gewollt hätte, hätte ich mich nicht dagegen gewehrt, wie damals in meinem Traum.

Tat er aber leider nicht.

Ich dankte ihm sehr für sein Angebot, aber als ich ging, nahm er mich in den Arm. Wir küssten uns nun doch, diesmal wirklich und richtig, nicht nur in meiner Phantasie, und ich spürte, dass er ES eben auch gedacht hatte.

An seinen Proben habe ich dann nicht mehr teilnehmen können und vielleicht war das gut so. Gut für uns beide.

Ein Jahr später verließ auch er die Schule für ein Angebot von einer Musikspezialschule, das ihn verlockte. Mich betraf das nicht mehr. Aber an ihn musste ich noch lange Zeit immer wieder denken.

Und wenn ich ihn nun anlässlich des Schuljubiläums wiedertreffen würde?

Nein, ich werde wohl besser nicht hinfahren. Ich bin mir nicht sicher, ob ich alle meine Gefühle unter sicherer Kontrolle haben würde, wenn er da wäre.

Obwohl ich verheiratet bin und eine fünfjährige Tochter habe.

## *Eva und Thomas*

Ich hatte die beiden schon eine Weile beobachtet. Mir fiel die Höflichkeit auf, mit der der Mann am Nebentisch der Frau den Stuhl zurecht stellte, wie sie ihm dankte und seine Hand kurz berührte, wie sie ihn ansah, als er ihr gegenüber Platz nahm.

Das Restaurant war schwach besucht, am Fenster war ein Tisch mit drei Herren besetzt, die leise miteinander sprachen. Rechts hinter mir saß ein älteres Ehepaar und aß schweigend.

Ich konzentrierte mich auf die Speisekarte, die der Kellner mir bereit gelegt hatte und bestellte auf seine Frage, was ich zu trinken wünsche, ein Bier. Ich entschied mich für ein Fischgericht, „Zander in Butter an…“ – ich habe vergessen woran –, und griff mir, um die Wartezeit zu überbrücken die Tageszeitung vom Wandhaken.

Der Mann und die Frau am Nebentisch hatten sich auf Schnitzel geeinigt, wie ich dann sah. Der Kellner brachte ihm ein Bier und ihr ein Wasser.

Der Mann, ich schätzte ihn auf Mitte dreißig, erhob sich noch einmal und kehrte mit einem Blumenstrauß zurück, gratulierte seiner Frau und küsste sie. Sie strich ihm zärtlich mit der Hand über die Wange. Die beiden feierten vielleicht den Geburtstag der Frau und unwillkürlich betrachtete ich sie genauer, um ihr Alter einzuschätzen. Das ist eine Angewohnheit von mir und ich habe mit der Zeit eine gewisse Routine entwickelt, mich an Feinheiten in den Gesichtszügen, an der Straffheit der Haut, an den Händen, an der Frisur und natürlich an der Kleidung zu orientieren, ohne mich von kosmetischer Raffinesse täuschen zu lassen.

Das gelingt bei Frauen nicht immer und bei dieser Frau war ich besonders ratlos. Jünger als er schien sie mir nicht zu sein, wenngleich ihr gepflegtes Aussehen sie jünger erscheinen ließ, als sie wohl tatsächlich war. Ihr brünettes Haar war vermutlich etwas getönt. Die Frisur war ansprechend, mittellanges Haar, etwas gewellt, ein paar Fransen fielen über die Stirn, silberne Ohrclips waren erkennbar. Ihr kurzes Kleid betonte eine Jugendlichkeit, die vielleicht nicht ganz zu ihrem Alter passte, ohne dass es aufdringlich einen Widerspruch hervorhob. Ich schätzte sie etwa gleichaltrig mit dem Mann ein, jedenfalls nicht jünger.

Sie hatte also Geburtstag, irgendeinen unbedeutenden, den man bescheiden im engsten Kreis feiert.

Mein Bier kam. Die Zeitung hatte ich wieder beiseite gelegt, denn die Frau holte aus ihrer kleinen Handtasche ein längliches Etui hervor und überreichte es dem Mann. Ein Geschenk für ihn, sah ich an der schlichten, aber geschmackvollen Verpackung.

Also nicht ihren Geburtstag, sondern ein gemeinsames Ereignis schienen die beiden zu feiern. An Äußerlichkeiten versuchte ich zu erraten, welches gemeinsame Erlebnis sie hier feierten. Vielleicht haben sie sich gerade erst kennen gelernt? War ich vielleicht unberufener Zeuge, wie hier eine neue Liebe begann? Oder ein Seitensprung der Frau mit einem anderen Mann?

Wie der Mann dem Geschenkpäckchen eine Armbanduhr entnahm, machte deutlich, dass sich die beiden längst kannten. Also ein gemeinsames Fest. Hochzeitstag, vermutete ich.

Ich konnte die Freude über dieses Geschenk am Gesicht des Mannes ablesen. Er stand von seinem Platz auf und küsste zärtlich seine Frau. Wieder war ich berührt, von der Herzlichkeit, mit der die beiden miteinander umgingen.

Mein Interesse an ihnen erlosch, als mir der Kellner mein Essen servierte und ich vertiefte mich in den Genuss des Fisches, der angenehm zart, fast grätenlos und schmackhaft zubereitet war. Ich trank mein Bier aus, um in dem kleinen Nebenraum, der für Raucher neben der Eingangstür eingerichtet war, meine gewohnte Zigarette nach dem Essen zu rauchen.

Auch die beiden hatten ihr Essen beendet und fast gleichzeitig mit mir erhob sich der Mann, entschuldigte sich bei seiner Frau für seinen Wunsch, ebenfalls rauchen zu gehen, und mit mir gemeinsam betrat er das kleine Raucherseparée. Ich hielt ihm die Tür offen und er dankte mir freundlich für meine Höflichkeit.

Wir standen rauchend. Er war gut einen halben Kopf größer als ich, ein stattlicher Mann.

Ich gratulierte ihm zu seinem Hochzeitstag und erstaunt fragte er mich, woher ich das wisse.

Lächelnd erklärte ich ihm, dass ich sie ein bisschen beobachtet und, einer Gewohnheit folgend, das Geschehen für mich kombiniert habe. Ich hatte Recht und er dankte mir für meinen Glückwunsch: „Ja, unser zwölfter. Wir wollten ihn nur zu zweit hier in dieser Gaststätte feiern. Unsere Tochter ist bei einer Freundin.“

„Hatten Sie sich eine Armbanduhr gewünscht? Ihre Gattin hat offenbar das richtige Geschenk gewählt.“

„Ja, schauen Sie“, mit sichtlichem Stolz zeigte er sie mir. Er hatte sie bereits umgebunden und ich bestätigte, dass es eine sehr schöne Uhr sei. „Ein passendes Geschenk“, unterstrich ich meine Anerkennung. „Ich habe gesehen, mit welcher Herzlichkeit Sie sich bedankt haben und es machte mir Freude, sie beide beobachten zu können. Entschuldigen Sie meine Aufdringlichkeit.“

Er schien mir etwas verlegen bei diesen Worten, aber ich sah, dass sie ihn freuten.

„Ja, zwölf Jahre sind wir verheiratet, aber wir kennen uns schon fast fünfzehn Jahre." Nach einer kurzen Pause ergänzte er: „Sie war meine Lehrerin."

Ich schaute ihn erstaunt an. Er spürte die unausgesprochene Frage und ergänzte sofort: „Ja, ich war gerade achtzehn geworden, ging aufs Gymnasium und sie war damals meine Klassenlehrerin."

„Ihre Klassenlehrerin?", wiederholte ich ungläubig. „Das heißt, sie war deutlich älter als Sie? Entschuldigen Sie diese Bemerkung, aber das erstaunt mich doch etwas, denn einen solchen Altersunterschied konnte ich gar nicht feststellen und eigentlich, meinte ich, mich mit Altersbestimmungen etwas auszukennen." Ich erklärte ihm kurz meine Angewohnheit, Menschen in meiner Umgebung, auch wenn ich sie nur flüchtig betrachte, nach Alter, möglichem Beruf oder sozialem Niveau einzuschätzen. „Ich weiß, es ist ungehörig, aber es ist ein bisschen Hobby und dann denke ich mir Geschichten aus. Ich schreibe gern über Menschen, seit ich nicht mehr berufstätig bin."

„Sie haben Ihre Arbeit verloren?", fragte er zurück und ich erklärte ihm, dass ich ein ganz gewöhnlicher Altersrentner bin, nach vierzig Arbeitsjahren und dass es mir nicht immer ganz leicht fiele, nicht mehr am aktiven Arbeitsleben teilzunehmen. Sein Kompliment, dass er das nicht vermutet hätte, er hätte mich höchstens auf Ende fünfzig geschätzt, schien mir ehrlich gemeint und ich dankte ihm entsprechend.

„Wie alt schätzen Sie *mich* denn?", war seine prompte Rückfrage. Das machte mich verlegen. Man möchte bei solchen Fragen nicht unhöflich sein und das ist man sowohl bei schamloser Untertreibung als auch bei Überschätzung. Das sagte ich ihm, aber er bat mich sehr nachdrücklich, nicht zu schmeicheln, sondern meine Fähigkeit zu beweisen. Ich musste unwillkürlich das Alter seiner Frau überdenken. Wenn sie damals seine Klassenlehrerin gewesen ist, musste sie rund zehn Jahre älter sein als er. Aber ich hatte die beiden für gleichaltrig geschätzt. Das sagte ich ihm und bekannte meine Unfähigkeit, ihn deshalb einzuschätzen.

Unsere Zigaretten waren abgebrannt und ich spürte, dass es ihn drängte, wieder in den Gastraum zurückzukehren, in dem er seine Frau alleine gelassen hatte.

„Kommen Sie doch an unseren Tisch", lud er mich ein. „Meine Frau wird sich freuen, einen so aufmerksamen Beobachter kennen zu lernen."

Ich entschuldigte mich für meine Aufdringlichkeit, was er sofort zurückwies: „Nein, nein, ich meine das ernst, wir würden uns wirklich freuen."

Am Tisch erklärte er den Sachverhalt seiner Frau, während ich etwas verlegen an meinem Tisch stand, unschlüssig, der Einladung zu folgen oder mich unter einem Vorwand zu entschuldigen. Die Geschichte begann mich jedoch zu interessieren und so folgte ich seiner erneuten einladenden Geste und setzte mich zu ihnen.

Ich gratulierte seiner Frau zum Hochzeitstag und erklärte ihr, wie überrascht ich von der Mitteilung ihres Mannes gewesen sei, dass sie früher einmal seine Lehrerin gewesen war. Das sei ja eine sehr seltene Begebenheit und dass ich nicht stören wolle. Aber ebenso herzlich wie ihr Mann reagierte sie und sagte, dass sie sich freue, einen unerwarteten Gast ihres kleinen Festes zu haben.

Der Kellner, der meinen Umzug beobachtet hatte, trat heran mit der Frage, ob wir noch einen Wunsch hätten und ich bestellte für uns eine Flasche Rotwein mit drei Gläsern.

Während wir auf den Wein warteten, stellte sich der Mann mir vor, er heiße Frankenberg, Thomas Frankenberg und seine

Frau sei Eva Frankenberg, geborene Heine. Wie der Dichter, fügte er schmunzelnd hinzu. Aber sie habe mit dem Dichter wenig gemeinsam, sie sei Mathematik- und Physiklehrerin. „Und ich bin Elektronikingenieur bei Siemens."

Der Kellner goss mir einen Schluck zur Probe ein, da ich den Wein bestellt hatte, dann füllte er unsere Gläser und wir stießen miteinander an.

Eine kurze Pause entstand und um die Verlegenheit zu überbrücken, die sie verursachte, stellte auch ich mich den beiden vor. Das war schnell getan und verzögerte nur die erneut auftretende Pause einer Peinlichkeit, die ich vermeiden wollte.

„Dass sich ein Lehrer in eine Schülerin verliebt und dass das manchmal sogar gut gehen kann, habe ich öfter erfahren. Aber eine Lehrerin und ein Schüler, das löst natürlich Erstaunen aus", begann ich.

„Sie sagen, 'Erstaunen'", fiel sie mir in die Rede, „sagen Sie ruhig 'Verwunderung' oder 'Unverständnis', denn das war es, was uns von Anfang an, was *mir* vor allem von Anfang an entgegenschlug. Ja, dass ein älterer Mann ein junges Mädchen liebt, wird, manchmal zögernd, gebilligt, jedenfalls mit Verständnis beurteilt, bei einer Frau nie. Das ist pervers, so jedenfalls bezeichnete man unsere Verbindung am Anfang, als sie bekannt wurde. Vor allem seine Mutter; meine Eltern auch. Später, da war Tommy schon nicht mehr in der Schule, spürte ich die Ablehnung auch bei einigen meiner Kollegen, denen ich leichtsinnigerweise nach unserer Hochzeit gesagt hatte, wer der Vater meiner Tochter und nun mein Mann ist. Ihre Meinung war einhellig: ‚Das geht nicht gut, kann nicht gutgehen'."

Ich bestätigte, dass ich selbst nicht ganz frei von solchem Vorurteil sei.

„Diese Verurteilung traf natürlich auch mich“, ergänzte Thomas, „als meine Schulkameraden begriffen, dass ich von Fräulein Heine nicht nur schwärmte, sondern sie richtig liebte. Manche versuchten mich zu verstehen, denn sie war sehr attraktiv, immer freundlich, und zwar gleichermaßen zu allen Schülern und Schülerinnen meiner Klasse, machte einen guten und interessanten Unterricht, bewertete unsere Leistungen gerecht, aber warum ich mich in sie wie in eine Gleichaltrige verliebt hatte, blieb ihnen ein Rätsel. Mir eigentlich auch. Aber im Vergleich mit Eva, wie ich sie bei mir schon immer nannte, wirkten alle Mädchen unserer Klasse auf mich fade. Die waren mir gleichgültig.“

„Und irgendwann fanden sie den Mut, es ihr zu gestehen?“, fragte ich, denn das interessierte mich jetzt wirklich.

„Nein, natürlich nicht. Es gab einfach keinen Weg. Sollte ich ihr ein Briefchen schreiben? Sollte ich sie in der Pause ansprechen: ‚Ich liebe Sie. Darf ich Sie zu irgendwas einladen?’ Natürlich suchte ich immer wieder Gelegenheiten, mit ihr zu sprechen, über irgendeinen mathematischen Lösungsweg oder wie sie mit uns zurechtkomme, auch, dass ich ihren Unterricht sehr mochte.“

„Na ja, mir fiel schon auf, dass Thomas auffallend oft mit mir sprechen wollte und ich ahnte schon bald, dass ihn etwas zu mir hinzog. Das schmeichelte mir anfangs sogar. Ich war gerade zwei Jahre im Schuldienst und freute mich, dass ich bei meinen ‚großen’ Schülern ‚gut ankam’. Auch war seine deutliche mathematische Begabung Grund genug für eine Lehrerin, ihm aufgeschlossen gegenüber zu sein. Er schien mir auch reifer zu sein, männlicher als seine gleichaltrigen Klassenkameraden. Kurz, ich mochte ihn auch und freute mich auf Gespräche mit ihm. Und ich spürte auch die Gefahr, dass ich seine Arbeiten nicht mit dem gleichen Maßstab beurteilte wie die der anderen. Manchmal war ich deshalb bewusst strenger zu ihm."

„Das hat mich damals oft ganz schön genervt", fiel ihr Thomas ins Wort, „aber irgendwie ahnte ich, dass sie das mit Absicht tat und das hieß für mich, dass sie mich besonders beachtete. Die Sache wurde ernst für uns beide, als sie mir vorschlug, dass ich mich an einer Mathematikolympiade beteiligen sollte. Sie würde das Organisatorische für mich vorbereiten und mich unterstützen. Das ehrte mich nicht nur, ich sah auch gleich die Gelegenheit, ihr auf diese Weise häufiger nahe sein zu können."

„Was dann auch prompt geschah", ergänzte Eva. „Ich war schon von ihm sehr angetan und irgendwie reizte mich damals auch das Risiko, wie er reagieren würde, wenn ich ihm ein bisschen entgegenkommen würde. Und dann entglitt mir die Distanz zu ihm."

„Ja, das war das Größte! Sie lud mich auf einen Kaffee ein, nachdem wir nach der Schule noch ein paar Aufgabentypen durchgesprochen hatten. Aber wir wollten nicht zusammen in einem öffentlichen Café gesehen werden und sie fragte mich, ob ich es als ‚anzüglich' empfinden würde – ja, so sagtest du es damals", wandte er sich an Eva, – „wenn wir ihn bei ihr zuhause trinken könnten. Und so kam ich zum ersten Mal in ihre Wohnung."

„Und für diesen Schritt habe ich mich dann sehr geschämt. Nein, nicht wegen dieser Einladung, sondern wegen meines Leichtsinns oder meiner Unbedarftheit, dass es mir einfach nicht gelang, mich gegen diese Zuneigung zu meinem Schüler zu wehren." Sie schüttelte den Kopf und Thomas, wenn ich meinen neuen Bekannten einfach so bei seinem Vornamen nennen darf, half ihr aus der Verlegenheit:

„Aber es geschah eigentlich nichts Besonderes."

Eva sah ihn erstaunt an.

„Doch, ja, natürlich, sie küsste mich beim Aufwiedersehen und wünschte mir viel Glück bei der Matheolympiade. Und dieser Kuss bedeutete für mich“, er zögerte einen Moment, „ich sage das mal so: Wir gehörten irgendwie zusammen, das muss jeder von uns beiden so empfunden haben, ohne es analysieren oder begründen zu können. Oder zu wollen. Es ist nicht zu erklären. Wir hatten ein gemeinsames Interesse, Mathe, sie sah klasse aus – immer noch, finden Sie nicht auch? – sie wirkte auf mich äußerlich eigentlich gleichaltrig, aber sie war eben reifer als die Mädchen in meiner Klasse. Also, ich hatte mit ihrem Alter überhaupt kein Problem, nur mit ihrem Beruf.“

„Na ja, ich dafür um so mehr, ich war eben fast neun Jahre älter und seine Lehrerin. Aber um es kurz zu machen: Es hat lange gedauert, dass ich mir selbst meine Zuneigung, schließlich meine Liebe zu Thomas eingestand. Ich hatte ein paar Bekanntschaften hinter mir, die meisten waren enttäuschend. Vor allem störte mich, dass die jungen Männer mir immer ihre Überlegenheit demonstrieren wollten, körperliche und geistige. Aber das erklärt es nicht. Ich hatte mich in diesen jungen Mann wie ein Schulmädchen verliebt und schämte mich zugleich dafür, dass ich das nicht ändern konnte. Und schließlich auch nicht mehr wollte. Glauben Sie mir, das war eine schlimme Zeit, verliebt zu sein und zugleich zu wissen, dass das nicht sein sollte, dass es irgendwie“ – sie zögerte einen Moment – „ja, unanständig war oder jedenfalls so beurteilt wurde.“

Sie schwieg einen Moment und Thomas streichelte ihre Hand.

„Aber wenn ich mich mit Thomas unterhielt, vergaß ich alles. Da fühlte ich mich ihm beinahe gleichaltrig und genoss seine Zuneigung. In der Schule musste das unser Geheimnis bleiben und dieses Versteckspielen war anfangs auch reizvoll, zunehmend aber auch belastend."

Ich goss uns Wein nach und betonte, dass ich das, so wie sie es jetzt erzählte, eigentlich gut nachvollziehen, ja, verstehen kann, aber auch die Bedenken der anderen.

Thomas beendete das Schweigen, das anschließend entstanden war: „Die Heimlichtuerei hörte ja dann auch bald auf. Ein halbes Jahr später machte ich mein Abitur und war nun nicht mehr ihr Schüler."

„Darf ich einfügen", unterbrach Eva ihn, „ich sehnte diesen Tag herbei und fürchtete zugleich, dass dann auch unsere Beziehung zu Ende gehen könnte."

„Ging sie aber nicht", sagte Thomas und ich hörte Stolz aus seinen Worten. „Wir machten in den Ferien nach meinem Abitur eine gemeinsame Reise an die Ostsee, nach Graal Müritz, hatten ein gemeinsames Hotelzimmer und wir erlebten uns zum ersten Mal in einer für uns völlig ungezwungenen Situation. Vierzehn Tage nur Eva. Eva in ihrem roten Bikini am Strand – erinnerst du dich, der mit den weißen Pünktchen? –, Eva morgens, Eva abends, Eva nachts. Ich war übrigens noch ziemlich unerfahren zu dieser Zeit, aber sehr stolz auf meine Freundin. Wir waren einfach ein glückliches, verliebtes Pärchen. Darf ich das unserem Gast so sagen?"

„Ja, aber bitte nun ohne weitere Details", antwortete sie lachend.

„Und danach gab es für uns beide auch kein Zurück mehr. Die Reise wurde zur Grundlage unserer Liebe, die wir bis heute so erhalten konnten." Eva nickte dazu, ergänzte, dass sie dann schwanger war, weil sie es so wollte und er neigte seinen Kopf zu Eva hinüber und küsste sie zärtlich.

Das war mir jetzt etwas peinlich und um das zu überspielen und um etwas zu sagen, kommentierte ich seine Erzählung mit der Feststellung: „Und heute ist also ihr zwölfter Hochzeitstag.“

„Ja, drei Jahre später, Eva war einunddreißig, ich knapp zweiundzwanzig, haben wir einfach geheiratet und uns geschworen, dass jeder jeden Tag darauf achtet, uns den Altersunterschied nicht als Belastung spüren zu lassen.“

„Und das geht?“, fragte ich ungläubig.

Eva antwortete nicht sofort und sagte dann: „Ja, das geht. Nicht immer problemlos, vor allem, wenn man eine Lehrerin ist. Da will man ja immer den anderen belehren. Dann hat mich Thomas eben ermahnt.“

Der nickte heftig dazu, lachte und fügte ernsthafter hinzu: „Ich habe ihr gesagt, dass ich mich dann so fühle wie sie bei ihrem früheren Freund.“

„Das habe ich sofort begriffen und ich war ja auch stolz auf ihn, weil er sich immer gleichberechtigt mir gegenüber verhalten hat. Ich achtete natürlich sehr auf mein Äußeres und Thomas war in seiner Rolle als Vater unserer Tochter ein zuverlässiger und“, sie zögerte einen Moment, „meistens verantwortungsbewusster Partner für mich.“

„Meistens?“ Diese Einschränkung griff ich auf, was eine kleine Pause verursachte.

„Ach, du meinst jetzt wieder Annegret?“, stöhnte Thomas scherzhaft auf und wandte sich mir zu. „Da war gar nichts, müssen Sie wissen. Eine Studienkollegin, deren Namen ich wohl etwas zu oft zuhause erwähnte.“

„Na ja, so harmlos schien mir das damals eben nicht“, warf Eva ein. „Sie war mit ihm gleichaltrig und ich spürte, dass er sich seiner Entscheidung für mich plötzlich vielleicht nicht mehr so sicher war.“

„Eigentlich doch, aber es gab, zugegeben, eine kurze Zeit, da ging meine Frau so in ihrer Mutterrolle auf, dass ich ein bisschen eifersüchtig auf unsere Tochter war. Und diese Annegret war ja auch ein hübsches Mädchen.“

Thomas lächelte dabei und ergänzte nur: „Wir haben dann, wie wir es öfter taten, noch einmal ein gründliches Gespräch geführt und ich erklärte ihr meine Nöte. Das hat sie verstanden und ich spürte sofort, wie sie sich dann selbst sorgfältiger beobachtete.“ Er schwieg einen Moment und ergänzte dann: „Wir konnten die neun Jahre Unterschied eigentlich zu jeder Zeit ganz gut überspielen. In der Erziehung unserer Tochter waren wir sowieso gleichberechtigt. Und bei meinen Kommilitonen an der Hochschule wurde sie anstandslos akzeptiert. Die meisten hat ihr wirkliches Alter, glaube ich, gar nicht interessiert. Und mit meinem Bart hier, den ich mir an der Ostsee habe wachsen lassen, wirkte ich sowieso immer etwas älter“, fügte er noch lächelnd hinzu.

Wir stießen noch einmal miteinander an, ich wünschte ihnen weiterhin viel Glück und dann schwiegen wir wieder eine Weile.

„Wenn Sie es erzählen wollen“, wandte ich mich noch einmal an Thomas, „dann würde mich allerdings doch sehr interessieren, wie Ihre Eltern auf die Liebe zu ihrer Lehrerin reagierten?“

„Erzähle das ruhig, Tommy“, ermunterte ihn Eva, weil er sie kurz fragend angesehen hatte, „für mich war das die schwierigste Situation.“

„Meine Mutter hat mich allein erzogen, mein Vater ist früh verstorben. Irgendwann, aber erst nach dem Abi, sagte ich es also meiner Mutter. Sie reagierte so, wie Sie sich das wohl denken können, mit größter Empörung über Evas Verhalten. Hier fiel zum ersten Mal die Bezeichnung ‚pervers‘. Damit war das Gespräch für mich dann auch beendet. Es hat ein halbes Jahr gedauert, also bis weit nach unserer gemeinsamen Reise, dass ich meiner Mutter erklärte, ich würde ausziehen und mit Eva und meinem Kind zusammen wohnen wollen. Mit welchen Worten und Begriffen sie daraufhin meine Freundin bezeichnete, das war schon krass und das Verhältnis zu meiner Mutter ist noch heute davon belastet. Glücklich war sie wohl nie über ihre Schwiegertochter und sprach immer nur von der ‚alten Frau'. Als Jana, also ihre Enkelin, geboren war, hat sie Eva dann mehr oder minder akzeptieren müssen. Aber für meine Mutter war Eva immer die Verführerin ihres Söhnchens. Wir sehen uns selten."

„Zum Glück waren meine Eltern toleranter", ergänzte Eva. „Natürlich waren auch sie anfangs nicht erfreut über meine Wahl und äußerten ihre Bedenken, eine Frau altere früher und so weiter. Aber Männer sterben dafür früher und meiner kann mit mir gemeinsam alt werden", scherzte sie. „Jedenfalls haben meine Eltern unsere Entscheidung füreinander nicht verurteilt wie Thomas' Mutter. Und für Jana, die ist jetzt schon fünfzehn, sind sie die besten Großeltern."

„Sie haben dann also noch studiert?", fragte ich Thomas, denn nun wollte ich alles wissen.

„Ja, dazu hat mich Eva sehr gedrängt. Gleich nach meinem Ersatzdienst in einem Krankenhaus bin ich dann zur Ingenieurschule für Maschinenbau und Elektrotechnik gegangen. Das Geld war allerdings knapp. Ihre Eltern haben uns öfter einmal ein Scheinchen herübergeschoben und uns Jana abgenommen, wenn ich zu Hause Ruhe brauchte während der Examina."

„Eigentlich wurde der Altersunterschied zwischen uns immer geringer", sagte Eva und unterstrich das mit einer Geste der Gleichgültigkeit. „Als Thomas sein Studium beendet und eine

Anstellung bei Siemens gefunden hatte, gab es ja auch keinen bemerkenswerten Unterschied mehr. Wir verdienen beide recht gut, wir haben ein Kind und wer unsere Geschichte nicht kennt, bemerkt vielleicht gar nicht, dass unsere Ehe doch etwas Besonderes ist."

„Wenn wir nicht einem so aufmerksamem Beobachter begegnen wie Ihnen", ergänzte Thomas lachend.

„Und dem Ihre Herzlichkeit miteinander auffällt", fügte ich hinzu.

„Ja, das haben wir uns so geschworen und darauf wollten wir auch immer achten. Vielleicht klappt es deshalb trotz des Altersunterschieds bei uns besser als bei manchen ‚normalen' Ehen."

Es war spät geworden. Thomas lud mich ein, noch eine mit ihm zusammen zu rauchen und Eva beruhigte ihn mit einer Handbewegung, dass das für sie kein Problem sei, sie werde unterdessen zahlen. Aber das wollte ich nicht, die beiden sollten meine Gäste sein, weil sie mir eine so schöne Geschichte erzählt haben. Wir einigten uns dann darauf, dass sie ihr Essen allerdings selbst bezahlen.

Im Raucherräumchen standen wir beide zunächst schweigend. „Es hat uns Spaß gemacht, Ihnen unsere Geschichte erzählen zu können", sagte schließlich Thomas und ich entgegnete, dass mir andererseits das Zuhören ein Vergnügen war und dass sie mir geholfen habe, ein auch bei mir vorhandenes Vorurteil abzubauen oder zumindest in Frage zu stellen.

„Und ich habe eine Geschichte gehört, zu der ich mir nichts mehr ausdenken muss; sie muss nur noch aufgeschrieben werden."

Wir verabschiedeten uns und ich kann nur hoffen, dass die beiden so glücklich zusammen alt werden, wie ich sie erlebt und in Erinnerung habe.

## *E-Mail von Gabi*

Es war spät geworden. Marcel hatte noch ein paar Literaturrezensionen zu zwei sogenannten Bestsellern im Internet gelesen, fand sie recht oberflächlich und nun war es Zeit für ihn schlafen zu gehen. Er wollte eben seinen Laptop schließen, als ihm einfiel, dass er noch nach ungelesenen E-Mails schauen wollte. Er trank den letzten Schluck Wein aus und dann öffnete er seine Mail-Box. Tatsächlich war dort Post gemeldet von einem ihm unbekannten Absender: gabirümkopf@t-online.de. Da er den Absender nicht kannte, überlegte einen Moment, ob er diese Nachricht überhaupt öffnen sollte. Er wusste, welche Gefahren im Internet lauern und wie schnell er sich bei unbekannten Absendern irgendeinen Virus in seinen Computer laden konnte. Andererseits schien der Absender solide zu sein und seine Neugier, welche Gabi ihm hier eine E-Mail geschrieben hatte, war größer als Misstrauen und Vorsicht. Er öffnete das Postfach:

*Hallo, Herr Dr. Beyer, ich habe meine alten Adressen gecheckt und dabei auch ihre wieder gefunden. Stimmt sie noch? Das werde ich vielleicht erfahren, wenn Sie mir antworten. Erinnern Sie sich noch an mich, auch wenn wir lange nicht mehr miteinander kommuniziert haben? Ich würde mich sehr freuen, wenn Sie mir mal schreiben, wie es Ihnen geht. Sind sie noch an unserer Uni? Ich wohne und arbeite jetzt in Hamburg und fühle mich hier sehr wohl.*
*Herzliche Grüße, Gabi.*

Gabi? Wer war Gabi, fragte sich Marcel. Offenbar eine seiner früheren Studentinnen, die ihm gelegentlich Grüße sandten, aber an eine Gabi konnte er sich nicht erinnern. Immerhin, die

E-Mail war fehlerfrei geschrieben! Das war eher selten der Fall. Marcel war Dozent für deutsche Literatur an der Potsdamer Hochschule und hat in den zwanzig Jahren seiner Tätigkeit so viele Seminare geleitet, dass Erinnerungen an einzelne Studenten und Studentinnen ihm mehr und mehr zu einer grauen Masse verschwammen, aus der nur einzelne Namen noch mit konkreten Erinnerungen herausleuchteten. An Martina zum Beispiel, das war ein kluges Mädchen, hübsch und manchmal sogar etwas frech. Aber das hatte ihm gefallen, die würde sich durchsetzen im Leben. Mit ihr hatte er ein paarmal in der Mensa einen Kaffee getrunken, sie hatte sogar ein bisschen geflirtet mit ihm und daran musste er auch später noch öfter denken. Mit Karla, das muss jetzt mindestens sechs Jahre her sein, hatte er sich eine kleine Affäre vorstellen können. Sie schwärmte von ihm und zeigte das auch unverhohlen. Hatte sich vielleicht Vorteile davon versprochen. Sie blieb öfter noch im Seminarraum, während er seine Tasche einpackte, fragte ihn nach unbedeutenden Problemen, über die sie im Seminar diskutiert hatten und er fühlte, dass sie lediglich noch in seiner Nähe sein wollte. Das schmeichelte ihm und er hätte sich auf ihre Annäherungen vielleicht sogar eingelassen, wenn damals nicht seine Frau schwer erkrankt wäre und er es für schäbig gehalten hätte, in dieser Zeit etwas mit einer Studentin anzufangen. Das hatte er Karla auch so erklärt. Nach dem Studium hatte er von ihr nichts mehr gehört, er wusste nicht einmal, wo sie dann arbeitete.

Aber Gabi? Eine andere Studentin kam ihm jetzt in den Sinn, die ihm oft gefährdet vorkam, sie war manchmal depressiv, mutlos und hatte ihm leid getan und …, nein, die hieß Franziska, Franzi, wie sie sie alle nannten.

Er hatte ihr immer wieder Mut gemacht und sie hatte sich nach erfolgreichem Examen bei ihm mit einem Blumenstrauß bedankt. Franzi … Marcel lächelte bei seinen Erinnerungen.

Ja, es hatte viele interessante junge Frauen in seinen Seminaren gegeben und er wusste, dass einige ihn wohl verehrt hatten. Er hatte es an ihren begeisterten Blicken gesehen, wenn er witzig und scharfsinnig Leistung und Versagen mancher großer Dichter mit ihnen analysierte, mögliche Interpretationen ihrer Werke erst überzeugend vortrug, um sie dann mit einer lässigen Bemerkung so ad absurdum zu führen, dass alle lachen mussten. Sie klopften begeistert auf die Tische und immer regte er sie zu weiteren Überlegungen an, die sie ihm dann im folgenden Seminar vortrugen. Manchmal, wenn ihn sein Auditorium zu einer gewagten Aussage inspiriert hatte, war er so von sich begeistert, dass er sie sich anschließend selbst notieren musste. Ja, er war beliebt und es schmeichelte seiner Eitelkeit, wenn die jungen Damen zu ihm kamen und um ein persönliches Gespräch baten.

Gabi Rümkopf, Gabi …, er grübelte, wer das gewesen sein konnte, aber keine konkrete Erinnerung wollte sich einstellen. Er entschloss sich, ihr zu antworten und zu bekennen, dass er allerdings im Moment keine genauen Vorstellungen mit ihrem Namen verbinden könne:

*„Liebe Gabi, Deine E-Mail hat mich sehr überrascht und ich freue mich, dass es Dir gut geht. Ist das schlimm, wenn ich allerdings bekennen muss, dass mir im Moment Dein Name nicht mehr bewusst in Erinnerung ist? Sieh es einem alternden Manne freundlich nach, aber vielleicht kannst meinem Erinnerungsvermögen etwas nachhelfen? Ich freue mich auf Deine Antwort. Herzliche Grüße, M. Beyer.“*

Noch beim Einschlafen ging er die Namen einiger Studentinnen durch, Ragna, Eva, Katja, Liane …, ach ja, die hübsche Liane, immer elegant gekleidet, sehr mitteilsam, … die fleißige Ragna, aber mit wem war Gabi Rümkopf im Seminar?

Es dauerte drei Tage, als er ihre Antwort in seiner E-Mail-Post bekam.

*„Hallo, Herr Beyer, das ist nicht so schlimm, dass Sie sich nicht mehr an mich erinnern. Ich war ja auch nicht so gut, aber gelernt habe ich trotzdem viel bei Ihnen. Ich habe vor sieben Jahren mein Examen gemacht und vielleicht erinnern Sie sich mehr an Jana und Susanne, die in meinem Seminar waren. Wenn die etwas sagten, schienen sie immer begeistert und manchmal war ich auch neidisch auf die beiden. Von Jana weiß ich nur, dass sie schon drei Kinder hat und Susanne arbeitet in Bremen in der Bibliothek. Von den anderen weiß ich nichts.“* Da fiel es Marcel ein, ja natürlich, das war auch eine tolle Seminargruppe. Jana war eine ausgezeichnete Studentin, sehr aufgeschlossen, kreativ und – plötzlich fiel es ihm wieder ein, zu der gehörte auch ein Fräulein Rümkopf. Etwas unauffällig. Dass sie Gabi hieß, wusste er nicht mehr.

Er las weiter: *„Ich bin jetzt Lektorin beim Hamburger Färber-Verlag, wir verlegen regionale Schriftsteller oder solche, die sich dafür halten. Da erinnere mich gern an Ihre scharfen Kritiken und würde manchmal auch gerne so reagieren wie Sie. Aber wir leben von unseren Autoren und dürfen sie nicht verprellen. Sie haben mir gar nicht geschrieben, was Sie jetzt so machen. Also, nochmal: Sind Sie noch an der Uni, woran arbeiten Sie gerade? Dass Sie ‚altern‘, wie Sie schreiben, kann ich mir gar nicht vorstellen. Möchte ich auch nicht. Liebe Grüße, Ihre Gabi R.“*

Amüsiert hatte Marcel diese E-Mail gelesen. „Sie kann sich nicht vorstellen, dass ich ‚altere' und ‚will es auch nicht'?" Das war sehr persönlich, aber süß, fand er. Jetzt dämmerte auch ihr Aussehen in seinem Gedächtnis herauf. Sie hatte, glaubte er sich zu erinnern, gern dicke Schals umgewickelt, braunes Haar, und eine kleine Narbe über dem Auge.

Ist also Lektorin geworden, gut. Aber warum erinnert sie sich so plötzlich an mich? Will sie irgendetwas von mir, soll ich ihr helfen?

Er wird ihr natürlich wieder antworten.

*„Hallo Gabi. Über Deine zweite Post habe ich mich sehr gefreut. Natürlich erinnere ich mich jetzt wieder deutlich an Dich. Du hattest immer dicke Schals umgebunden und sogar die kleine Narbe über dem Auge sehe ich jetzt wieder in meiner Erinnerung. Da hast du ja eine richtig gute Stellung bekommen, gratuliere! Nein, an der Hochschule bin ich seit zwei Jahren nicht mehr, das machen jetzt Jüngere, auch wenn ich mich noch durchaus in der Lage fühle, mehr zu tun als Bücher zu lesen und den Garten zu pflegen. Aber so ist eben das Leben."*

Er überlegte. Sie könnte das als Angebot verstehen, ihr bei ihrer Tätigkeit zu helfen, falls sie das wollte. Dazu hatte er jedoch eigentlich keine Lust. Trotzdem ließ er diesen Satz so stehen.

Was sollte er noch schreiben? Er wollte sich nicht in irgendeine engere Beziehung verstricken, aber diesen netten Kontakt auch nicht gleich wieder abbrechen. Also, noch etwas Belangloses:

*„Ich reise jetzt öfter, am liebsten in warme Länder, Italien, Spanien, letztes Jahr Tunesien und ich will in diesem Jahr endlich noch einmal nach Griechenland. Und Du?*

*Was hast Du gesehen von der Welt oder hält Dich Deine Arbeit fest? Lass wieder von Dir hören! Liebe Grüße,* (‚liebe' oder besser nur ‚herzliche'?), *liebe Grüße, M. Beyer.*

Der Bildschirm meldete „E-Mail erfolgreich versendet".

Warum schrieb ihm diese Gabi? Je intensiver er sich zu erinnern versuchte, desto mehr Einzelheiten fielen ihm jetzt auch wieder ein. Richtig, das muss Gabi gewesen sein, die er einmal in seinem Auto mitgenommen hatte, weil sie den gleichen Weg nach Hause hatte und ihr Fahrrad kaputt war. Es regnete damals. Gespannt wartete er auf ihre neuerliche Antwort.

Die fand er schon am nächsten Tag:

*„Lieber Herr Beyer, dass Sie jetzt nur noch zu Hause sind, tut mir leid. Das muss doch für einen Mann wie Sie ziemlich langweilig sein. Wo Sie doch so gut unterrichten können! Ich höre immer noch Ihre einprägsamen Formulierungen, wenn Sie einen Autor nicht mochten und manchmal verwende ich sie jetzt auch.*

*Mein Beruf füllt mich sehr aus und wenn ich Probleme mit einem Manuskript habe, das ich eigentlich ablehnen müsste, denke ich manchmal, was würde Dr. Beier jetzt sagen und das hilft mir dann.*

*Zum Reisen komme ich nur gelegentlich und alleine macht es auch keinen Spaß. Ja, Griechenland. Da beneide ich Sie und irgendwann will ich auch mal da hin. Ich freue mich schon auf Ihre Antwort.*

*Gruß, Gabi"*

Gabi, was soll das werden? dachte er, nachdem er ihre E-Mail gelesen hatte. Sie ist also allein und denkt oft an seine Formulierungen. Oder an ihn? Das war schmeichelhaft. Aber worüber sollten sie miteinander reden?

Er wollte sich Zeit lassen für eine Antwort und schrieb ihr erst drei Tage später:

*„Liebe Gabi. Schön, dass Dir Deine Arbeit gefällt und ich verstehe, dass es manchmal nicht einfach ist, einen Autor zu kritisieren, vor allem, wenn er vor einem sitzt. Ich würde mich freuen, wenn Du Lust hast, mit mir gelegentlich über die Manuskripte, die zu beurteilen Du Mühe hast, zu diskutieren. Ich habe genug Zeit und nehme sie mir gern für Dich. Ich weiß zwar nicht, ob ich Dir sinnvoll helfen kann, aber wir können es ja probieren. Dass Du alleine bist, kann ich gar nicht verstehen. Ich habe Dich als hübsche Studentin in Erinnerung, in die man sich doch schnell verlieben könnte. Ich wünsche Dir jedenfalls, dass Du bald einen passenden Partner findest, mit dem Du dann auch reisen kannst. Du bist doch noch jung! Also schreib mir bald wieder, ich freue mich auf Deine Post.*

*Marcel.*

Diesmal ließ sie ihn warten, fast eine Woche dauerte es bis zu ihrer Antwort. Was er dann jedoch las, sollte ihn in Verlegenheit bringen.

*„Lieber Herr Beier oder darf ich einfach Marcel sagen? Du schreibst ja auch ‚Gabi', obwohl ich nicht mehr Deine Studentin bin und der Altersunterschied ist ja wohl kein Argument für Dich. Danke für Deine Post. Manuskripte musst Du nicht mit mir diskutieren, ich stelle mir lieber nur vor, was Du sagen würdest. Danke auch für Dein Kompliment: ‚hübsche Studen-*

*tin' usw. Aber ich bin ja auch etwas älter geworden. Ja, ein intelligenter Partner wäre schon schön, aber so ganz einfach ist das in meinem Alter auch nicht mehr, wenn man die Dreißig überschritten hat. Im ‚Anhang' schicke ich Dir ein Foto von mir. Du kannst mir ja auch mal eins von Dir schicken.*

*Liebe Grüße, Gabi.*

Dass sie ihn mit ‚Marcel' anredete, war ziemlich kühn, aber so sind wohl die jungen Frauen heute. Es war ein hübsches Foto, das sie da geschickt hatte und Marcel überlegte, in welchem Menü er es ablegen sollte. Er betrachtete Gabis Bild. Ja, sie war tatsächlich eine attraktive junge Frau! Ein Bild von sich? Er blätterte im Menü seiner Familienfotos. Aber keines gefiel ihm. Entweder war seine Frau mit auf dem Bild oder er schaute zu ernst in die Kamera. Er wählte schließlich eines aus, das zwar schon vier Jahre alt war, aber so sehr, fand er, hatte er sich eigentlich nicht verändert.

Immer wieder musste er an Gabi denken und fand das angenehm aufregend. So eine kleine E-Mail-Affäre, eine die vor seiner Frau geheim blieb, erwärmte sein Herz und brachte etwas Spannung in seinen manchmal langweiligen Alltag.

Seine Antwort gestaltete er deshalb etwas persönlicher:

*„Liebe Gabi, ja, ‚Marcel' ist okay, Wie die Zeit vergeht! Eben wart ihr noch meine Studenten und jetzt bist du ...* Ach, blödes Gequatsche, dachte er und löschte alles. Noch einmal von vorn:

*„Liebe Gabi, endlich ist es wieder Abend und ich kann ungestört mit Dir reden. Ich muss jetzt oft an Dich denken und das macht mir Spaß. Im Anhang habe ich für Dich ein Bild von mir ausgewählt. Ob es Dir gefällt? Unser Altersunterschied ist tatsächlich für mich kein Problem, und für Dich? Du hast si-*

*cher ganz andere Interessen als ich, eben die einer jungen Frau, aber Du kannst mir gerne von Dir schreiben und ich glaube, dass ich Dich gut verstehen werde. Schreibe mir von Deinen Kollegen und -ginnen, was liest Du im Moment, warst Du mal im Kino, wovon träumst du manchmal usw. Alles interessiert mich von Dir.*

*Ganz liebe Grüße, Marcel"*

Er überlas noch einmal seinen Brief, korrigierte ein paar Tippfehler und überlegte, ob er das mit seinem Interesse für sie und den ‚ganz lieben Grüßen' nicht ein bisschen übertrieben hätte.

Er ließ den Text so stehen und drückte auf „Senden".

Es verging eine ganze Woche und Marcel dachte schon, dass ihr seine sehr persönlichen Fragen doch zu nahe gingen, war jeden Abend enttäuscht, wenn sein E-Mail-Centre nur trocken meldete „Es befinden sich keine Nachrichten in Ihrem Postfach" und wartete ungeduldig von einem Abend auf den nächsten.

Dann endlich der erwartete Absender und Marcel las:

*„Hallo Marcel, vielen Dank für Deine liebe Nachricht. Ich habe mich sehr darüber gefreut und glaubte, während ich sie las, Dich und Deine Stimme neben mir zu hören.*

*Mir geht es genau so wie Dir, ich warte auf Deine Post und zögere, Dir allzu schnell darauf zu antworten, um dich ein bisschen zappeln zu lassen. Heute habe ich es nicht mehr ausgehalten. Also, mir geht es gut (sehr gut, seit wir uns schreiben!), aber viel Interessantes kann ich Dir von meinem Leben nicht schreiben. Meine Kollegen, fast alles junge, langweilige Männer mit schlappigen Pullovern, die meisten verheiratet, sehe ich Gott sei Dank selten, denn wir arbeiten fast nur zu Hause und kommen nur zu Redaktionssitzungen zusammen.*

*Du warst immer sorgfältig angezogen, immer schick, fand ich, und strahltest Souveränität und Reife aus. Deshalb hast du mich immer so beeindruckt und beeindruckst mich noch, wenn ich Dein Bild auf meinem Bildschirm sehe. Vielen Dank übrigens. Du siehst genauso aus, wie ich Dich in Erinnerung habe. Ich hoffe, ich gehe Dir nicht auf die Nerven, wenn ich ein bisschen schwärme wie damals als ich Deine Studentin war. Ich mache jetzt besser Schluss, sonst schreibe ich Dir noch Sachen, die ich lieber nur still für mich denke.*

*Willst Du Dir einen Gute-Nacht-Kuss von mir denken? Liebe Grüße, Gabi."*

O je, da entwickelt sich ja was, war Marcels erste Reaktion. Gabi war wohl tatsächlich in ihn etwas verliebt und jetzt bekam er Angst, dass das ein Problem werden könnte. ‚Ein Kuss', das war wirklich lieb, ein bisschen zu lieb, dachte er, aber ihm gefiel, wie offen Gabi ihr Gefühl mitteilte. Dass er das damals gar nicht so gespürt hatte, als sie noch zwischen den anderen im Seminar saß! Vielleicht war das sogar gut so, sonst … Wie schreibt Gabi? ‚sonst schreibe ich noch Sachen, die ich lieber nur still für mich denke.' So erging's ihm jetzt auch. Sollte er vielleicht schreiben, was er dachte, wenn er ihre Worte las und ihr Bild sah? Dann würde es wirklich eine Affäre werden, nein, wohl nicht wirklich, nur virtuell, eine Briefaffäre.

Wenn es dann dabei bliebe! Marcel seufzte, schloss den Laptop und ging schlafen. Seine Frau war schon längst im Bett und er hörte ihre gleichmäßigen Atemzüge. Aber es gelang ihm nicht einzuschlafen. Gabis Bild sah er im Geiste, wie sie ihn auf dem Bildschirm anlächelte, die kleine Narbe über dem Auge … Er stand wieder auf, fuhr den Computer hoch und schaute sich noch einmal ihr Bild an. Schade, dass er nur dies eine hatte; er hätte sie gern ganz gesehen, ihre Haltung, wie kleidete sie sich?

Er schrieb:

*„Liebe Gabi, danke für Deinen gedachten Kuss. Das ist sehr lieb von Dir; ich glaubte ihn tatsächlich zu spüren und sehe Dein Bild auf meinem Bildschirm. Gern hätte ich noch mehr Bilder von Dir, wie Du arbeitest oder träumst, spazieren gehst, wie Du Dir Deine Wohnung eingerichtet hast ... Es ist schon eigenartig, wie Du plötzlich mein Denken bestimmst, so dass ich eben noch einmal aufgestanden bin, weil ich nicht einschlafen konnte. Deshalb schreibe ich Dir das gleich. Auch ich genieße es zu spüren, dass jemand auf meine Post wartet. Was machst Du nur mit mir!*

*Gute Nacht, Gabi, und nun auch von mir einen virtuellen Kuss zum Einschlafen. Marcel"*

Und wieder wartete er auf ihre Antwort. Die dauerte auch diesmal und er meinte, dass es wohl daran liege, dass sie erst noch die gewünschten Bilder zusammensuchen müsste. Fast die ganze Woche verging ohne eine Antwort und Marcel musste sich bezähmen, nicht noch einen zweiten Brief hinterherzuschicken. Mit seiner Frau ging er in dieser Woche ins Kino und dachte daran, wie das jetzt wäre, wenn sie Gabi wäre, neben ihm sitzen und ihm vielleicht ihre Hand überlassen würde. Oder war er wirklich schon zu alt für solche Träume? Mancher Mann in seinem Alter war mit einer neuen jungen Liebe auch noch einmal jung geworden. Aber solche Gedanken dachte er nur spielerisch, meinte sie nicht ernsthaft. Er wusste, dass er keine Trennung, nicht noch einmal etwas ganz Anderes beginnen wollte. Und was wusste er überhaupt von Gabi? Es war eine Laune, mit ihr ein bisschen zu flirten.

Und dabei sollte es auch bleiben.
Am Samstag erst erhielt er ihre Antwort:

*„Lieber Marcel, das war aber lieb von Dir, mir gleich zu antworten. Bilder von mir habe ich nur wenige gefunden, zwei kann ich Dir schicken, liegen im Anhang. Was hast Du gemacht die ganze Woche lang? Hast Du nicht eine Facebook-Seite, auf der ich das nachlesen und Dich jeden Tag begleiten kann? Ich war am Mittwoch im Kino und habe „Ziemlich beste Freunde" gesehen. Das ist ein ganz toller Film und gerne hätte ich ihn mit Dir zusammen gesehen. Kennst du ihn? Freitag hatte ich ein längeres Gespräch mit einem dieser Hobby-Autoren, die etwas in unserem Verlag veröffentlichen wollen. Das war ziemlich anstrengend. Er hat gute Ideen, aber seine sprachliche Qualität ist grauenhaft. Es soll ein erotischer Roman sein, aber entweder waren die Szenen billig beschrieben oder so aufreizend in der Wortwahl, dass ich das Gefühl hatte, dass er sich nur selbst daran ergötzen wollte. Das war nicht leicht ihm begreiflich zu machen. Er ging dann ziemlich enttäuscht weg. Ach, ich hasse diese eitlen Schreiberlinge, aber mit ihnen verdiene ich mein Geld. Danach habe ich mir Dein Bild angesehen und meine Gefühle für Dich zu formulieren versucht. Aber das zeige ich Dir lieber nicht. Ganz liebe Grüße, Tschüss und einen natürlich einen Kuss für Dich. Gabi."*

Marcel schaute sich die beiden Bilder an, die sie gesendet hatte. Auf einem saß sie mit übereinandergeschlagenen Beinen im Seitenprofil, das Kinn auf eine Hand gestützt und schaute verträumt in die Ferne. Das gefiel ihm sehr. Das andere Bild zeigte sie im Bikini, irgendwo an einem Badestrand, wie sie gerade einen Ball warf. Das Bild war offenbar ein Ausschnitt, sodass ihr Gegenüber nicht sichtbar war. Sie hatte eine schöne, schlanke Figur und Marcel war etwas eifersüchtig auf dieses unbekannte Gegenüber, das sie leibhaftig vor sich gesehen haben muss. Eine Freundin? Ein Freund? Leider war das Bild insgesamt etwas unscharf.

Er speicherte die Bilder in dem Menü, das er für Gabi eingerichtet hatte. Eine Facebook-Verbindung wollte er nicht, er hasste diese ständigen und unwichtigen Mitteilungen über Ort und Zeit gerade momentanen Geschehens. Dass sie aber auch wie er ausgerechnet in dieser Woche im Kino war und ihn dabei vermisste, berührte ihn nachhaltig. Den Film kannte er und auch er war begeistert. Das würde er ihr schreiben. Vielleicht sollte er aber wieder etwas mehr Distanz wahren, damit sich Gabi nicht in sinnlose Träumereien verstrickt? Trotzdem fühlte er sich erregt von dieser jungen Frau, die da irgendwo in Hamburg Sehnsucht nach ihm hat, sich ihm im Bikini zeigt und Küsse versendet. Scheiß Alter, dachte er unmutig und beendete seine Laptop-Sitzung für heute.

Im Wohnzimmer saß seine ahnungslose Frau und er fühlte sich einen Moment ihr überlegen. Er hatte wenigstens noch Träume und bekam Küsse, wenn auch nur virtuelle.

Zwei Tage später antwortete er Gabi:

*„Hallo Gabi, danke für die hübschen Bilder, ich habe sie in einem Menü, das ich von Dir angelegt habe, gespeichert. Du hast wirklich eine tolle Figur! Aber wem wirfst Du den Ball zu? Schade, dass ich es nicht bin. Von mir gibt es im Moment nichts Bemerkenswertes zu berichten. Die Tage vergehen mit geringfügigen Arbeiten im Garten. Den Film „Ziemlich beste Freunde“ kenne ich und war ebenso begeistert wie Du. Du fragst, ob ich bei Facebook angemeldet bin. Nein. Da bin ich doch etwas altmodisch und mag das nicht, sich ständig übers*

*Handy oder Internet zu melden, wo man gerade ein- oder aussteigt, wartet oder hinfährt.*

*Lassen wir es bei unserem hübschen E-Mail-Wechsel, dessen Mitteilungen jeder für sich erwarten kann und beantwortet, wenn er dazu Lust hat. Liebe Grüße, Marcel.“*

So, das war etwas nüchterner, ohne Kuss.

Er schickte die E-Mail ab.

Dass er schon am folgenden Tag wieder eine Antwort bekam, erstaunte ihn, die E-Mail erschreckte ihn aber auch. Gabi schrieb, dass sie am Freitag eine Dienstreise nach Berlin machen müsse.

*„... Das ist doch nicht weit mit der S-Bahn nach Potsdam. Ich werde einfach zwischen 15 und 16 Uhr am Bahnhof in Potsdam sein. Wenn Du es willst, kannst Du mich dort treffen. Wenn Du bis 16 Uhr nicht gekommen bist, dann konntest oder wolltest Du das wahrscheinlich nicht. Das macht nichts, ich will Dir keine Verlegenheit bereiten. Also vielleicht sehen wir uns.*

*Liebe Grüße, Gabi.“*

Marcel schaute auf seinen Kalender. Nein, der Freitag war leer; er könnte hingehen. Aber sollte er das wirklich? Dann wäre es kein unverbindlicher Briefwechsel mehr und den Kuss, den sie ihm diesmal nicht mitgeteilt hatte, würde er vielleicht real bekommen. Das war verlockend, aber auch nicht ungefährlich, fand er. Antworten wollte er ihr jetzt nicht gleich, er war auch noch völlig unentschlossen. Einesteils reizte ihn natürlich so ein ‚date', wie man heute ein Rendezvous nennt, und vielleicht ist es auch das letzte Mal in seinem Leben, dass ihn eine jüngere Frau irgendwo erwartet. Und was sprach eigentlich ernsthaft dagegen?

Es lag doch alles in seiner Hand und vielleicht kühlte ihre Sehnsucht auch etwas ab, wenn sie sich persönlich begegneten? Gab es denn überhaupt noch eine denkbare Alternative zu dem Leben, das er führte? Es war doch alles gut so!

Er wird also nicht hingehen.

Oder?

Der Freitag kam, es wurde 14 Uhr und jetzt müsste er irgendeinen Grund seiner Frau sagen, warum er noch einmal zwei oder drei Stündchen wegginge. Das Wetter verlockte nicht gerade zum Spazierengehen, aber es regnete auch nicht, wenngleich der Himmel bezogen war. Es war unangenehm windig. Um halb drei war es schon fast zu spät, noch pünktlich zu ihr zu kommen.

Die Zeit verging, während Marcel zögerte. Jetzt steht Gabi vielleicht schon erwartungsvoll vor dem Bahnhof, dachte er. Konnte er, durfte er sie so enttäuschen?

„Ich gehe doch noch einmal für ein Stündchen raus“, erklärte er seiner Frau, zog sich den Mantel an und stand nun unentschlossen auf der Straße. Er genoss die Unruhe, die ihm Gabi verschaffte. Dieses Gefühl, solch eine kribbelnde Sehnsucht hatte er lange nicht mehr empfunden. Was aber sollte er mit Gabi unternehmen? Er schaute auf seine Armbanduhr. Mit der Straßenbahn würde er noch in zwanzig Minuten am Bahnhof sein können, zehn Minuten nach drei. Da würde sie noch auf ihn warten.

Er ließ die Bahn vorbeifahren. Dann aber stellte er sich vor, wie sich Gabis Hoffnungen am Bahnhof jetzt langsam in Enttäuschung wandelten. Sie tat ihm leid. Ob er sie wenigstens von weitem beobachten sollte? Dann wüsste er auf jeden Fall, ob sie überhaupt gekommen ist. Aber würde er es dabei belassen können? Noch eine gute halbe Stunde, dann würde Gabi enttäuscht zurückfahren.

Die nächste Straßenbahn kam und Marcel stieg ein, löste den Fahrschein und staunte über seine plötzliche Entschlossenheit. Zehn vor vier war er am Bahnhof.

Da stand sie, schaute aber gerade in die entgegengesetzte Richtung. Sie trug einen leichten grauen Mantel, beeindruckende High Heels und eine niedliche rote Kappe, passend zu ihren Stöckelschuhen, saß keck auf ihrem Kopf.

„Gabi?“ Die junge Frau dreht sich um und sah ihn fragend an. Es war nicht Gabi und Marcel entschuldigte sich rasch:

„Pardon, ich habe Sie verwechselt.“

„Schade“, antwortete die fremde Frau und lächelte ironisch. Marcel war es peinlich und er drehte sich rasch um. Da verließ ihn sein Mut, so rasch wie seine Entschlossenheit gekommen war, und mit schnellen Schritten entfernte er sich um die Ecke, um nicht doch noch von Gabi gesehen zu werden.

Zwanzig Minuten später stand er wieder vor seinem Häuserblock, schimpfte sich einen alten Esel, der eine solche Gelegenheit feige verschenkt habe und einfach weggerannt sei.

Aber was für eine Gelegenheit? Gelegenheit wofür?

Wollte er wirklich sein vertrautes Leben, seine Ehe, alles, was er sich aufgebaut hatte, gefährden für eine …, ja, für eine vielleicht letzte eitle Spielerei? Du benimmst dich wie ein alter Narr, sagte er zu sich.

Als er um halb fünf wieder zu Hause war, fühlte er sich erstaunlich erleichtert. Nichts war geschehen, was er vielleicht anschließend bereuen müsste.

Er gab seiner Frau einen Kuss, was sie etwas verwunderte, und entschloss sich, den Briefwechsel zu beenden. Einen Moment zögerte er zwar noch, dann löschte er das Menü „Gabi“, ihre E-Mails und ihre Bilder.

Dass er in den folgenden Tagen aber auch keine E-Mail von Gabi erhielt, keine Nachfrage, warum er nicht gekommen war, keine Mitteilung, dass sie selbst vielleicht gar nicht da gewesen war, gar keine Mitteilung mehr, wie es ihr ging oder warum sie nicht mehr schreiben wollte, enttäuschte ihn, obwohl er es mit Erleichterung hinnahm.

Ob sie seine Flucht doch beobachtet und ihre Schlüsse für sich daraus gezogen hat?

# *Valentinstag*

Valentinstag, 14. Februar, der Tag an dem ich nicht umhin kann, an Corinna zu denken. Heute wäre ihr Geburtstag gewesen, ihr fünfunddreißigster.

Corinna war die Tochter meines Onkels und meiner Tante, der Schwester meiner Mutter.

Deshalb war uns immer bewusst, dass wir nichts miteinander haben durften. Dass wir uns schuldig machen würden. Trotzdem haben wir miteinander geschlafen. An ihrem zwanzigsten Geburtstag, am Valentinstag.

Passiert war nichts, sie nahm ja dann die Pille.

Ich kannte Corinna, seit ich lebe. Sie war drei Jahre jünger als ich. Schon immer hatte ich in ihr nicht meine Cousine, sondern einfach ein Mädchen gesehen, für das ich als Junge schon schwärmte und das ich als junger Mann heimlich liebte und begehrte.

In meiner Phantasie lag sie oft in meinem Bett, ich umarmte *sie* mit meiner Bettdecke, küsste sie und erregte mich bei dem Gedanken an sie. Vielleicht hatte ich auch deshalb nie eine andere feste Freundin.

Keine konnte sich mit Corinna messen.

Ich weiß nicht, wann sie gemerkt hat, dass ich sie nicht mehr nur als Spielgefährtin liebte. Sie trug gerne Kleider, meistens sehr kurze. Das gefiel mir sehr, und erregte, je älter wir wurden, meine Phantasie.

Vielleicht wollte sie das sogar.

Einmal, ich glaube, es war an ihrem fünfzehnten Geburtstag, küsste sie mich. Ich weiß nicht mehr, ob wir da schon wussten, was der Valentinstag bedeutet, ich glaube nicht. Sie schien mir sehr aufgeregt dabei, aber wir wurden von ihrem Vater überrascht, trennten uns erschrocken und taten sehr gleichgültig, als wäre nichts gewesen.

Wie oft habe ich mir diese Situation anschließend noch einmal vorgestellt und in meiner Phantasie durchgespielt.

Als Kinder haben wir im Park miteinander gespielt, später, als sie siebzehn war, sind wir oft zusammen ins Kino gegangen, sie überließ mir ihre Hand, lächelte mich dabei an und als ich einmal im dunklen Kino ihren Oberschenkel streichelte, ließ sie es sich gefallen und gab mir einen Kuss. Da war ich gerade zwanzig geworden. Wir waren gemeinsam baden, ich tauchte durch ihr Beine hindurch, bewunderte ihren schönen Körper in ihrem Bikini, traute mich aber nicht, sie in der Öffentlichkeit einfach zu streicheln oder zu küssen. Wenn wir mit Freunden zusammen waren, erklärte sie jedoch, dass ich ihr Freund sei. Das fand ich toll, aber war ich das wirklich? Schön waren früher immer unsere Familienfeiern, wenn sie da war, wenn wir dann in mein oder in ihr Zimmer gingen, quatschten, Musik hörten, aber wenn ich sie wie zufällig berühren wollte, wich sie mir zuletzt aus.

Zu ihrem achtzehnten Geburtstag war ich nicht eingeladen. Unser Verhältnis hatte sich in diesem Jahr abgekühlt, wir sahen uns kaum noch und wenn, dann war sie mir fremd geworden. Hatte sie einen anderen Freund? Ich wusste es nicht und fragte sie auch nicht. Vielleicht hielt sie unsere frühere kindliche Freundschaft für albern oder gefährlich, so erklärte ich mir ihr Verhalten. Vielleicht war ich ihr auch zu naiv, zu langweilig geworden. Auch ich suchte andere Partnerinnen, aber alle Bekanntschaften, die ich machte, waren kurzfristig, scheiterten an meiner Schüchternheit und so war ich noch immer ohne wirkliche sexuelle Erfahrungen.

Sie soll sich sehr verändert haben, hörte ich einmal, soll ihre Haare platinblond gefärbt haben, ständig mit ihren Eltern streiten und wohl öfter nachts wegbleiben, nicht nach Hause kommen. Ihre Eltern saßen dann bei meinen Eltern und weinten, ich glaube wegen Corinna. Sie soll auch ein paar Tage im Krankenhaus gewesen sein. Dann wohnte sie wieder zuhause, ihre Eltern atmeten auf und in mir erwachte die Sehnsucht, sie wiederzusehen. Deshalb besuchte ich sie in ihrem Friseurladen, wo sie ihre Lehre aufgenommen hatte. Sie freute sich, offenbar, mich zu sehen und schnitt mir die Haare.

Sie schien mir sehr verändert, erwachsener geworden. Ihre kindlich-mädchenhaften Züge waren einem ernsteren, herberen Ausdruck gewichen. Irgendwie wirkte sie reifer, reicher an Erfahrungen, die sie nicht mit mir gemacht hatte. Ihre Haare waren gepflegt und sie hatte sich etwas geschminkt. Sie war eine junge Frau geworden. Ja, ich erlag einer Ausstrahlung, die von ihr ausging, und die mir neu war.

Dass sie mich dann zu ihrem zwanzigsten Geburtstag einlud, machte mich glücklich. Ich musste sie immer wieder anschauen an diesem Nachmittag, spürte eine neue Art von Zuneigung zu ihr und auch sie schien mir unerwartet entgegenkommend.

Die anderen Gäste waren schon gegangen und ich blieb noch in ihrem Zimmer. Mir war aufgefallen, dass sie mich schon am Nachmittag öfter flüchtig berührte, sich auch scheinbar unwillkürlich an mich lehnte. Dafür war ich sehr empfänglich, denn ich hatte gerade keine Freundin.

Jetzt aber, hier in ihrem Zimmer, war sie plötzlich sehr schweigsam und schien mir verlegen.

„Ist etwas nicht in Ordnung mit dir?“, fragte ich sie besorgt. Sie schaute mich mit ihren großen Augen an, druckste mit einer Antwort und dann flüsterte sie, dass sie in den letzten beiden Jahren vieles falsch gemacht hätte. Dann schwieg sie, aber ich wollte sie nicht drängen, davon zu erzählen. Es war ein gespanntes Schweigen zwischen uns beiden, aber ich fühlte, dass sie mir etwas sagen wollte. Als ich sie anschaute, sagte sie plötzlich: „Ich habe einige, aber keine guten Erfahrungen mit Männern gemacht. Wie oft habe ich geträumt, dass du vielleicht einmal mein Mann sein könntest. Aber wir sind ja leider verwandt miteinander.“ Plötzlich legte sie ihre Hand auf meinen Schenkel und sagte: „Ich möchte mit dir schlafen, heute noch, bitte! Es ist doch Valentinstag.“

Ich erschrak, wie sie das so sagte, weil es so plötzlich kam, so unvorbereitet für mich, aufdringlich und schüchtern zugleich. Was war mit ihr geschehen, in den letzten beiden Jahren, wo wir uns wenig gesehen hatten, was hatte sie erlebt, dass sie sich plötzlich mir so unverblümt anbot, etwas aussprach, was Mädchen doch sonst eigentlich nicht tun? Ich war mächtig verlegen, denn, obwohl ich bald dreiundzwanzig war, hatte ich, wie ich sagte, keine ernsthaften Erfahrungen mit Frauen.

Und wie soll das überhaupt gehen, jetzt, dachte ich erschrocken und konnte nur ihren Namen flüstern und damit auch meine eigene Sehnsucht nach ihr ausdrücken.

Ihre Eltern hatten sich schon zur Nacht verabschiedet in der Annahme, ich würde auch gleich gehen.

Ich saß auf ihrem Bett und traute mich jetzt nicht einmal, sie anzusehen. Da begann sie sich plötzlich auszuziehen.

Erst ihre engen Jeans, dann streifte sie sich ihr T-Shirt ab und kniete sich im BH und Slip neben mich auf ihr Bett. Sie wollte es also wirklich heute noch. Ich war furchtbar aufgeregt, aber ich hatte jetzt auch Angst davor, was sie da von mir erwartete.

Sie küsste mich, so verlangend wie nie zuvor, drängte sich an mich und drückte mich auf ihre Bettdecke.

Plötzlich richtete sie sich noch einmal auf und schaute mich sehr ernst an.
„Ich weiß, dass wir das nicht dürften. Trotzdem, mach es, jetzt, bitte! Ich nehme doch wieder die Pille. Ich möchte wenigstens einmal mit dir geschlafen haben.“
Davon hatte auch ich so oft geträumt und plötzlich verlangte sie es.
Mein Herz klopfte wie verrückt, sie drang mit ihrer Zunge in meinen Mund ein.
„Mach es ganz langsam!“, flüsterte sie.
Dann sind wir eingeschlafen.
Als ich am Morgen aufwachte, schlief Corinna neben mir. Es dämmerte schon durch die Fenster und unten in der Küche hörte ich Schritte und Stimmen.
Ihre Eltern waren also schon aufgestanden.
Das war mir sehr peinlich, heimlich verschwinden konnte ich nicht mehr, außerdem musste ich dringend aufs Klo.
Auf der Treppe sah mich ihr Vater.
„Du bist noch da?“, fragte er erstaunt. Hast du oben geschlafen?“
Ich erklärte ihm, dass ich irgendwie gestern Abend eingeschlafen sein muss. „Corinna schläft noch.“
„Guten Morgen, Corinna!“, begrüßte sie aber ihr Vater, denn sie stand schon hinter mir. „Ihr macht ja Sachen! Schlaft einfach ein. Na ja, decken wir eben noch einen Teller mehr für Rick.“ Damit wandte er sich um und ging zur Küche.
War er wirklich so naiv, dass wir einfach nur eingeschlafen seien?
Als ich angezogen war, begrüßte mich auch meine Tante, ihre Mutter, freundlich wie immer. „Schön, dass du noch da bist. Komm, setz dich.“

Ich wusste nicht, was ich ihnen sagen, wie ich mich entschuldigen sollte.

„Weiß Inge, also Deine Mutter, dass du hier geschlafen hast? Sie macht sich vielleicht Sorgen, dass du noch nicht zuhause bist.“ Ich verneinte das: „Ich glaube nicht, dass sie sich deshalb Sorgen macht. Ich bin schließlich dreiundzwanzig.“

Beim Frühstücken waren Corinna und ich sehr schweigsam, sprachen nichts und ihre Eltern fragten nichts.

Es ist doch nicht selbstverständlich, dass ein junger Mann und ihre Tochter unter ihrem Dach zusammen geschlafen hatten, obwohl sie Cousin und Cousine waren! Oder waren sie gerade deshalb so arglos?

„Ich liebe Rick“, sagte da plötzlich Corinna und küsste mich.

Erschrocken sah ich sie an. Ist die denn verrückt geworden, so etwas ihren Eltern zu gestehen? Ich spürte, wie ich rot wurde und blickte stumm auf meinen Teller.

Ihre Mutter schaute uns erschrocken an, ihr Vater aber nickte nur mit dem Kopf, als wäre das doch nichts Besonderes, wenn die Cousine ihren Cousin mag und ihm einen Guten-Morgen-Kuss gibt.

Nach einer Weile erklärte er: „Es ist schön, dass ihr euch wieder mögt. Du weißt, Rick, dass wir dich auch sehr gern haben, aber du hättest nicht gleich mit Corinna schlafen dürfen. Ihr seid doch verwandt miteinander.“

„Ja, ich weiß.“

„Sie nimmt doch jetzt die Pille“, warf da ihre Mutter ein, als wenn damit alles entschuldigt sei.

Was sollte ich darauf noch sagen? Ich war so verlegen, mein Herz hämmerte und ich schluckte heftig.

Ihre Eltern schauten uns an, dann schauten sie sich an und mein Onkel stöhnte nur: „Oh, Gott!“ und schwieg.

Das verstand ich nun gar nicht. Ich habe mit seiner Tochter geschlafen und er nickt dazu? War das für ihn okay?

Was wusste er über ihre bisherigen Beziehungen? Ich verdrängte diesen Gedanken gleich wieder, auch weil ich vielleicht zu naiv war.

„Ich muss jetzt aber gehen", erklärte ich mit heiserer Stimme. Die Situation fand ich derart peinlich, dass ich einfach weg musste.

Mein Onkel und meine Tante verabschiedeten mich.

Nun wissen sie es also und werden es wohl auch meinen Eltern sagen.

Soll ich genauso mutig sein wie Corinna und es meiner Mutter auch eingestehen?

Als ich zuhause die Tür aufschloss, schaute mich meine Mutter erstaunt an. „Wo kommst du denn jetzt her? Ich dachte, du schläfst längst in deinem Zimmer."

„Ich bin dort eingeschlafen und Corinnas Eltern haben mich erst heute früh geweckt. Ich habe schon gefrühstückt."

„Du hast bei Herrmanns geschlafen?", fragte mich meine Mutter. „Du hattest doch gar keine Nachtsachen mit."

Die hat Sorgen, dachte ich bei mir, als ob man die unbedingt braucht.

„Aber du weißt, dass sie deine Cousine ist. Halte dich von ihr also fern. Sie ist auch kein unbeschriebenes Blatt mehr." Wieder diese dunkle Andeutung!

„Es war nichts zwischen uns und ob sie ein ‚beschriebenes' oder ein ‚unbeschriebenes' Blatt ist, ist mir scheißegal, ich bin alt genug, das selbst zu entscheiden", antwortete ich ihr grob. Sie wendete sich ab und ging in die Küche.

Was meinte sie damit, dass Corinna kein ‚unbeschriebenes' Blatt ist, überlegte ich. Irgendetwas verheimlichten alle vor mir, aber ich hatte keine Lust, ausgerechnet meine Mutter jetzt danach zu befragen.

Mein Vater war schon weg. Sonntagvormittag geht er gern früh zum Angeln und mir war das heute besonders recht.

Wie aber sollte das nun weitergehen? Die abfällige Bemerkung meiner Mutter hatte mich verunsichert, aber schon hatte ich wieder Sehnsucht nach Corinna. Meine Mutter hatte noch gegen jede Freundin von mir ihre Bedenken.

Da ging das Telefon. Corinnas Mutter war dran und fragte meine Mutter, ob wir am Nachmittag zu ihnen kommen könnten. Sie hätten uns etwas Wichtiges mitzuteilen.

Ach, du Scheiße, dachte ich, jetzt machen sie ein richtiges Drama daraus! Wir müssen doch nicht gleich eine Hochzeit planen, weil ich mit ihrer Tochter geschlafen habe. Trotzdem konnte ich mich nicht überwinden, meiner Mutter zu sagen, was heute Nacht passiert war. Es ist auch besser, wenn sie es im Beisein anderer erfährt, dann kann sie nicht gleich aus der Haut fahren.

Auf jeden Fall wollte ich mich, wenn es darauf ankäme, zu Corinna und meiner Liebe zu ihr bekennen.

Mittags kam mein Vater nach Hause und Mutter sagte ihm, dass wir nachmittags zu Herrmanns eingeladen sind, sie wollen uns etwas Wichtiges mitteilen.

„Rick war doch erst gestern bei ihnen?“, gab mein Vater verwundert zurück.

„Ich weiß nicht, was sie wollen. Rick ist gestern bei ihnen eingeschlafen und erst heute Morgen gekommen.“

Vater nahm es gleichgültig auf, fragte weiter nichts und machte seinen Sonntagsmittagsschlaf.

Corinna begrüßte mich mit einem Kuss, als wir bei ihnen ankamen, und meine Mutter machte wieder ich bedenkliches Gesicht. Es passte ihr nicht.

Wir tranken unseren Kaffee, Kuchen war noch von gestern, von der Geburtstagsfeier übrig und dann begann mein Onkel eine sonderbare Rede zu halten:

„Corinna ist ja nun zwanzig geworden und Franziska – so heißt meine Tante mit Vornamen – und ich haben schon lange darüber nachgedacht, dass wir ihr endlich gestehen müssen, dass sie nicht so ganz richtig unser gemeinsames Kind ist."

Ich schaute erschrocken zu Corinna und sie auf ihren Vater.

„Ja, ich bin ihr Vater, aber nicht ihr Erzeuger. Wir wollten es ihr zu ihrem achtzehnten Geburtstag sagen, aber da war unser Verhältnis so gespannt, dass wir ihr so etwas nicht hätten sagen können. Ich war seit meiner Operation damals, ihr erinnert euch sicher, nicht mehr zeugungsfähig und da haben wir auf einen Samen aus der anonymen Spenderbank zurückgegriffen. Corinna war also von Anfang an unser Kind, ihr habt erlebt, wie Franzi schwanger war, wie Corinna in ihrem Bauch wuchs und geboren wurde. Sie ist voll und ganz unser Kind, auch wenn ich nicht direkt ihr Erzeuger bin. Rick hat es uns heute leicht gemacht, ihr das zu sagen, weil sie in ihn verliebt ist und sich vielleicht Sorgen macht, weil sie doch formal seine Cousine ist.

Ihr …", er wandte sich uns beiden zu, „ihr müsst also keine Angst haben, dass eure Liebe gefährlich sei."

Schweigen nach diesem Geständnis.

Ich sah Corinna an und sah, dass sich ihre Augen mit Tränen füllten. Das muss hart für sie sein, dachte ich sofort, plötzlich nach zwanzig Jahren zu erfahren, dass ihr Vater nicht ihr Erzeuger ist. Aber was änderte das eigentlich?

Natürlich dachte ich erst einmal an uns beide, wir durften uns also lieben, sie war nicht wirklich meine blutsverwandte Cousine oder nur ein bisschen und alle meine Sorgen waren sinnlos gewesen.

Corinna stand auf und verließ das Zimmer. Wir schauten ihr hinterher.

Meine Eltern saßen betroffen und wussten so wenig wie ich, was sie erst mal sagen sollten.

„Ja, wir waren sogar froh, dass euer Rick und kein anderer heute bei Corinna geblieben ist, das machte uns unser Geständnis leichter."

Ich stand auf, musste jetzt zu Corinna gehen. War das ein Komplott, mich einzufangen, damit sie ihre Tochter wieder in den Griff bekämen? War ich so eine Art Angelhaken und ich hatte angebissen?

Corinna saß auf ihrem Bett, unserem Bett, und weinte. Da schämte ich mich sofort wegen meines blöden Verdachts. Ich legte meinen Arm um sie und sie wehrte sich nicht.

„Ist das schlimm für dich?", begann ich unbeholfen, „er ist doch immer dein Vater gewesen und ist es auch weiterhin."

„Ja, das ist auch vielleicht gar nicht das eigentliche Problem. Aber dass sie mir das nie gesagt haben, das muss ich erst mal verdauen." Sie schwieg und wischte ihre Tränen weg.

„Ich bin doch jetzt da für dich und wir brauchen kein schlechtes Gewissen mehr zu haben", tröstete ich sie.

Sie lehnte sich an mich und beruhigte sich.

„Deshalb waren deine Eltern heute Morgen also so unbesorgt, dass ich hier oben geblieben war. Es hat ihr schlechtes Gewissen beruhigt, weil sie endlich einen Anlass hatten, dir das zu sagen."

Sie erklärte, dass sie auch heute Morgen ziemlich erstaunt war über die gleichgültige Reaktion ihrer Eltern und deshalb habe sie gesagt, dass sie mich liebe.

„Eigentlich wollte ich sie damit provozieren."

„Wollen wir nicht wieder zu ihnen hinunter gehen?", fragte ich. Sie schwieg, zog mich an sie und flüsterte: „Noch nicht.

Warte noch, ich muss mich erst noch einmal herrichten.“ Sie stand auf, ging zum Spiegel und zog ihre Lippen nach. Es lag mir auf der Zunge, sie zu fragen, was für schlechte Erfahrungen sie denn gemacht hatte, aber da hatte sie schon die Türklinke in der Hand.

Was sollte sie mir auch sagen? Ich wollte es eigentlich auch gar nicht wissen.

Auf dem Nachhauseweg schwiegen meine Eltern, meine Mutter aus Entrüstung, mein Vater aus Gleichgültigkeit.

Ich sowieso, weil ich verunsichert war, was Corinna bewegt haben mochte, plötzlich …

Ich wollte nicht darüber nachdenken. Ich liebte Corinna und war glücklich, dass sie mich in dieser Nacht zu einem richtigen Mann gemacht hatte.

Im Herbst beendete sie ihre Friseurinnenlehre und ich studierte im sechsten Semester Geschichte und Geografie auf Lehramt.

Wenn sie nun zu mir kam, wurde sie von meinen Eltern, wenn sie da waren, allmählich freundlicher begrüßt. Wenn Corinna über Nacht blieb, wurde das unterdessen auch für sie selbstverständlich.

Eines Tages aber fragte mich Corinna, ob sie nicht doch herausfinden sollte, wer ihr biologischer Vater ist. Sie wolle sehen, wie er aussieht, ob sie mehr nach ihm oder nach ihrer Mutter kam und vor allem, warum er damals seinen Samen für irgendwelche Befruchtungen gespendet hatte. Hatte er zuviel davon? War er nicht verheiratet? War er vielleicht auch interessiert, was aus seinen Kindern geworden ist?

„Und dann?“, fragte ich sie. „Ändert das irgendetwas an deinem Verhältnis zu deinen Eltern oder zu mir?“

Sie schwieg, wusste wohl selbst nicht, warum sie diese Fragen plötzlich so interessierten.

„Kann man das denn überhaupt erfahren?“

„Ja, es ist mein Recht, auch wenn der Samenspender eigentlich anonym bleiben sollte.“

„Ich würde das nicht tun“, antwortete ich, aber ich war nicht sicher, wie ich mich verhalten würde, wenn ich in dieser Lage wäre.

„Wir sollten es einfach anders machen als deine Eltern, jedenfalls versuchen.“

„Du bist lieb, Rick. Willst du, dass wir ein Kind bekommen?“

„Am liebsten ja, und unser Baby würde auf jeden Fall etwas von uns beiden haben.“ Das meinte ich nur scherzhaft, aber dieser Gedanke gefiel ihr offenbar.

„Gut, ich setze die Pille wieder ab und dann werden wir daran ‚arbeiten'“.

Ihre Leidenschaftlichkeit, mit der sie diese Idee nun zu verfolgen begann, bedrückte mich dann allerdings zunehmend, nicht nur, weil ich noch keinen Abschluss hatte und sie keine sichere Anstellung. Unsere Eltern müssten uns ständig finanziell unterstützen, wir brauchten eine eigene Wohnung und so ein kleines schreiendes Baby wäre für mein Studium auch nicht so gut. Und ein Restrisiko bestand doch wohl, denn ihre und meine Mutter waren ja blutsverwandt.

„Wir haben doch keine Eile“, entgegnete ich deshalb. „Lass mich doch erst meinen Abschluss haben!“

Mein Misstrauen erwachte wieder, obwohl ich überzeugt war, dass mich Corinna liebte. Aber was hatte sie erlebt in dem Jahr ihrer Veränderung? Wollte sie etwas gut machen? Hatte sie vielleicht eine unerwünschte Schwangerschaft abgebrochen, weil sie oft betont hatte, dass sie doch *wieder* die Pille nahm.

Sie wurde anstrengend und ich merkte, wie das leise Misstrauen in mir unsere Liebe bedrohte.

Schließlich frage ich sie.

„Darüber möchte ich niemals mehr reden. Es ist nichts, was uns beide betrifft, hörst du? Vertrau mir einfach, es ist besser, wenn du nicht alles weißt."

Ihr Gesicht war dabei so abweisend, dass ich nicht den Mut fand, sie weiter mit meinen Fragen zu bedrängen, obwohl mich ihr Ausweichen etwas beleidigte.

Corinna war von dem Gedanken, ein Kind von mir zu bekommen, so erfüllt, dass ihr Bedürfnis nach Befriedigung ihres Kinderwunsches mich zunehmend zu nerven begann. Es wurde für sie selbstverständlich, dass wir jede Nacht miteinander schliefen, bis ich ihr erklären musste, dass ich das nicht jede Nacht kann, auch wenn es Spaß machte.

„Sieht man schon was?", fragte sie mich ein paar Wochen später. Sie war tatsächlich schwanger von mir und konnte es kaum erwarten, dass es endlich sichtbar werden würde.

Meine Liebe aber war abgekühlt, ich traute ihr nicht mehr unvoreingenommen und hätte gerne die ganze Wahrheit gewusst. Irgendwann wird sie es mir erzählen müssen, dachte ich.

Dann wurde sie plötzlich krank, sehr krank, musste ins Krankenhaus und ich saß viele Nächte an ihrem Bett. Chemotherapie und Bestrahlungen musste sie über sich ergehen lassen, das Kind hatte sie verloren. Sie hatte zunehmend große Schmerzen und verlor jeden Lebensmut, als sie erfahren hatte, dass es keine Hilfe mehr für sie gab. Ich bereute mein Misstrauen und meine Verdächtigungen, schwor ihr, dass es nie eine andere für mich geben würde, dass ja manchmal auch Wunder geschähen.

Ihre Leukämie hat sie nicht überlebt.

Ich habe mich später dann doch in eine andere verliebt, habe sie geheiratet und habe mit ihr drei Kinder.

Corinnas Bild verblasste mit den Jahren, aber vergessen konnte ich sie nie. Sie war eben meine erste Frau, auch wenn wir nicht verheiratet waren.

## *Kaffeekantate*

Es war wieder kalt geworden, sehr kalt. Ein böiger Wind pfiff um die Ecken. Der Schnee, der in den Tagen zuvor schon etwas geschmolzen war, war wieder vereist; ich fror an den Ohren, an den Händen, an den Füßen.

„Jetzt einen schönen heißen Kaffee trinken“, dieser Wunsch trieb mich durch die Straßen der kleinen brandenburgischen Stadt. Mit meiner Frau war ich erst in zwei Stunden verabredet, am Marktplatz, dort hatten wir das Auto geparkt, aber schon nach einer halben Stunde wusste ich mit meiner Freiheit in dieser Stadt nichts mehr anzufangen.

Da sah ich das einladende Schild eines kleinen Cafés. „Zur Kaffee-Kantate“ hieß es und dieser ungewöhnliche Name lockte mich an. War wirklich Bachs berühmte, wenngleich wenig bekannte Kaffeekantate gemeint?

Ich betrat das Café, sah, dass es mehrere freie Tische gab, aber dann beschlug erst einmal meine Brille so stark, dass ich sie abnehmen musste. Um so intensiver nahm ich den ungewöhnlich starken Duft von frisch gebrühtem Kaffee wahr. Ein paar ältere Damen saßen an zwei Tischen, ein einzelner junger Mann an einem anderen, drei Tische waren frei. Kerzen brannten auf den Tischen in kleinen Tannengestecken.

Ich wählte einen der freien Tische, konnte nun auch meine Brille wieder aufsetzen und sah mich in dem kleinen Café um.

Die Wände waren in hellbraunem Ton gehalten, abgesetzt durch eine geschmackvolle dunkelbraune Tapete mit an den Ecken abgerundeten Kanten.

Bilder schmückten die Wände. In der Mitte dominierte natürlich ein Bild Johann Sebastian Bachs, das bekannteste von ihm, das mit der großen Perücke. Die Stühle an den runden Tischen waren bequem, eher schlicht.

Die Kellnerin trat freundlich heran und legte die Karte mit den Angeboten des Cafés auf meinen Tisch.

„Kuchen können Sie in der Glasvitrine am Tresen wählen“, ergänzte sie. Eine attraktive junge Frau, bekleidet mit einem langen braunen Rock und einer ebenso langen weißen Schürze darüber. Sie trug ein dunkelbraunes Mieder über der weißen Bluse und mir fiel sofort Liotards „Schokoladenmädchen“ ein, ein Gemälde, auch aus dem 18. Jahrhundert, das mit seiner schlichten Eleganz zu den bekanntesten und beliebtesten Bildern jener Zeit gehört. Ja, diese junge Kellnerin sollte und wollte wohl an dieses Gemälde erinnern.

Vor allem mit dem Häubchen, das sie trug.

Die Menükarte, zu einem kleinen Buch gebunden, war auffallend liebevoll gestaltet. Auf dem Deckel war ein Gedicht abgedruckt, mit Noten verziert und als Hintergrundbild sah man auch hier das Gemälde des alten Johann Sebastian.

*„Ach, wie schmeckt der Kaffee süße,*
*lieblicher als tausend Küsse.*
*Milder als Muskatenwein.*
*Kaffee, Kaffee muss ich haben,*
*und wenn jemand mich will laben,*
*ach, so schenkt mir Kaffee ein.“*

Ich kannte den Text, es ist die Arie des Lieschens in Bachs „Kaffeekantate“, ein eigentlich alberner Text über einen Vater, den Herrn Schlendrian, der seiner Tochter Lieschen den Kaffeegenuss verbieten will, jedoch am hartnäckigen Widerstand seiner Tochter scheitert. Auf alle Vergnügungen, die er ihr zu streichen gewillt ist – aus dem Fenster zu schauen, ihr einen „Fischbeinrock nach jetz’ger Weite“ zu kaufen, glitzernden

Schmuck zu tragen – auf alles das will sie gerne verzichten, wenn ihr nur der Kaffee gelassen wird. Erst als der Vater ihr einen Mann verspricht, scheint sie einzulenken, verbreitet aber heimlich die Kunde, dass nur ein Mann, der ihr den Kaffee erlauben würde, von ihr angenommen würde.

Albert Schweitzer, der eine ausführliche Bach-Biografie geschrieben hat, urteilte recht abwertend über diese Kaffeekantate, wenn er meinte, dass man sich eher eine einaktige Offenbach-Operette zu diesem Text vorstellen könne.

Bach hatte das kleine Singspiel nach einem Libretto seines Freundes Picander, der auch den Text der „Matthäus-Passion" geschrieben hatte, während seiner Zeit als Thomaskantor in Leipzig wahrscheinlich 1734 komponiert.

Als hätte der Verfasser dieser Menükarte meine Erwartungen vorausgeahnt, fand ich auf der folgenden Seite, auf der die verschiedenen Kaffees des Hauses angeboten wurden, die Kopie eines alten Kupferstiches: das *„Zimmermann'sche Caffé-Hauß"* von 1712 zu Leipzig. Ich erinnerte mich, in einer Bach-Biografie gelesen zu haben, dass in diesem Kaffeehaus Bach einmal in der Woche und wenn Messe war, an zwei Abenden, mit dem Collegium Musicum musizierte, das sein Vorgänger im Amt, Telemann, gegründet hatte.

Nicht nachmittags zur Unterhaltung, wie man das aus Wiener Kaffeehäusern kennt, sondern abends leitete hier der Thomaskantor ein kleines Orchester mit Studenten, die ihr Können vorstellten. Deutsche und italienische Vokal- und Instrumentalstücke kamen zur Aufführung. Wurde hier vielleicht auch die „Kaffeekantate" uraufgeführt? Man weiß es nicht.

Der Postactuarius und „Kreissteuer- und Stadttranksteuereinnehmer der Weininspektion" Christian Friedrich Henrici, ein als schwächlich gebauter Mann beschrieben und als Dichter unter dem Pseudonym Picander mit Gelegenheitsgedichten damals nicht unbekannt, hatte sein Libretto für ein „Dramma per musica“ dem berühmten Komponisten Bach zur gelegentlichen Vertonung übergeben. Tat es Bach dem Freund zuliebe oder war der Text gar eine Parodie auf die Kaffeeverbote, die einige deutsche Fürsten in jener Zeit gerade erließen? Kaffee zu trinken sei ein Vorrecht des Adels und deshalb zogen sogenannte „Kaffeeschnüffler“ damals durch einige Städte, um diejenigen, die heimlich Kaffeebohnen rösteten, zu bestrafen.

Das „Schokoladenmädchen“ trat an meinen Tisch, „ob der Herr schon gewählt habe?“, aber „der Herr“ hatte sich ja festgelesen und war in Gedanken abgeschweift. Ich entschuldigte mich und begann das Angebot zu überfliegen.

Sie zuckte mit den Achseln und wendete sich nach einem kurzen Gespräch mit dem jungen Mann – vielleicht ihrem Freund? – wieder dem Tresen zu.

Mein, Gott, was es alles für Kaffees gab!

„Caffee ordinaire“ im Kännchen oder in der Tasse, Milchkaffee, Latte Macchiato, Caffè Latte, Mokka, Espresso, Cappuccino, Cappuccino con Panna (mit Sahnehäubchen), Coretto (mit einem Schuss Grappa), Irish Coffee (mit einem Schuss Whisky), Russischer Kaffee (mit Wodka), Kaffee-Caipirinha, Café Amsterdam (ein Espresso mit Eierlikör und Sahnehäubchen) und Eiskaffee (mit zwei Vanilleeiskugeln).

Ich wollte eigentlich nur einen ganz gewöhnlichen (also ordinären) Kaffee trinken, „C-A-F-F-E-E“, wie in dem Kanon, den ich als Kind sang. Als ich mir das im Geist buchstabierte, fiel mir dieses Liedchen wieder ein und zugleich, dass Kaffee das einzige Getränk ist, das man „singen“ kann, denn c a f e sind Töne. Mit Milch, Kakao, Tee geht das nicht.

Warum hat Bach also nicht eine Fuge über ein Thema mit diesen Tönen C-A-F-E geschrieben? Seinen eigenen Namen

B-A-C-H hatte er doch auch so vertont. Vielleicht lag es an der sächsischen Sprache, denn man schrieb Coffee, wie man`s sprach, mit „o“. Und „o“ ist kein Ton.

Nach einem Blick auf die adrette Kellnerin, die sich hinter dem Tresen mit ihrer Kaffeemaschine beschäftigte, konzentrierte ich mich endlich auf das Angebot. Ich entschloss mich zu einem Irish Coffee und gab meine Bestellung auf.

Während ich auf meinen „Irishen“ wartete, blätterte ich weiter in dem Menü-Büchlein und seinen Kaffeegeschichten.

*„RUNGE – der Entdecker des Koffeins“* war die folgende Seite überschrieben, auf der etliche Eisspezialitäten des Hauses angeboten wurden. Die interessierten mich bei dieser Kälte zwar nicht, aber das, was der kurze Text erzählte, überraschte mich:

Der Chemiker Friedlieb Ferdinand Runge, der von 1832 bis 1867, also die Hälfte seines Lebens in Oranienburg gelebt hatte, war als Student 1819 von Goethe nach Weimar eingeladen worden. Der wollte sich die von Runge zuvor entdeckte pupillenerweiternde Wirkung des Atropins vorführen lassen und so reiste Runge nach Weimar. Drei Tage dauerte die beschwerliche Fahrt mit der Postkutsche, aber dort empfing ihn Goethe in seinem Haus am Frauenplan mit größter Herzlichkeit und Runge war tief beeindruckt von diesem großen Dichter, wie er später in seinen „Hauswirtschaftlichen Briefen“ bekannte. Und auch Goethe notierte, dass der junge Chemicus „auf gutem Wege zu sein scheint“ und schenkte ihm ein Beutelchen mit Kaffeebohnen, damit er die erregende Wirkung des Kaffees ergründe. Das tat „Dr. Gift“, wie ihn seine Zeitgenossen in Oranienburg nannten, und entdeckte 1820 das Koffein als Wirkstoff, den übrigens auch der Tee enthält.

An der Wand des Cafés erkannte ich nun auch eine farbig getönte Zeichnung, die den Oranienburger Chemicus abbildete.

Sie hing gleich neben dem Bildnis von Bach. Dass der Kaffee eine Brücke war, die beiden unterschiedlichen Persönlichkeiten zu verbinden, fand ich immerhin bemerkenswert.

Das „Schokoladenmädchen“ kam und servierte mir meinen „Irish Coffee“ und während sie das Geschirr vor mir drapierte, machte sie sogar einen Knicks. Das fand ich lustig, aber es passte ja zu ihrem Habit und ich dankte ihr lächelnd.

Vorsichtig probierte ich den heißen Kaffee und blätterte weiter in der Menükarte.

Eine Legende über die Entdeckung der Kaffeebohnen war auf der folgenden Seite abgedruckt, auf der das Kuchenangebot aufgeführt war.

Die Geschichte war hübsch beschrieben, wie sich Hirten nahe der Stadt Kaffa darüber verwundert haben sollen, dass ihre Ziegen, die tagsüber an den roten Beeren eines unbekannten Strauches geknabbert hatten, nachts im Stall lärmten und nicht zu beruhigen waren. Die Hirten brachten die roten Beeren zu Mönchen, die diese zerkauten und wegen des bitteren Geschmacks für giftig hielten. Sie warfen sie ins Feuer. Aber dann erstaunte sie deren köstlicher Geruch und sie gossen die zerstoßenen Bohnen mit heißem Wasser auf. Als sie die ungewöhnlich belebende Wirkung dieses Getränks bemerkten, verabreichte es ihnen der Abt des Klosters täglich noch vor der Frühmesse, damit sie bei den langen Gebeten nicht immer einschliefen.

Eine Legende, natürlich.

Tatsächlich sollen es vor über tausend Jahren äthiopische Nomaden gewesen sein, die die Kaffeebohnen entdeckten. Die Veredelung durch das Rösten dürfte erst später erfunden worden sein.

Deshalb gehört auch die Geschichte, dass der Prophet Mohammed, als er krank daniederlag, eine Schale dieses Getränks vom Erzengel Gabriel gereicht bekam, ins Reich der Legenden. Immerhin rechtfertigt sie die besondere Vorliebe der Muslime für den Kaffee, der sich im 16. Jahrhundert von Mekka und Medina aus über das ganze arabische Großreich verbreitete.

Den brachten dann die Türken, als sie Wien 1529 zum ersten Mal belagerten, nach Europa. Als sie abzogen, ließen sie Dutzende Säcke mit den gerösteten Bohnen zurück. So entdeckte Europa in der Folge eines Krieges den Kaffee, der heute zum beliebtesten Getränk der Deutschen gehört.

Über 150 Liter soll jeder erwachsene Deutsche jährlich im Schnitt trinken, seitdem er als „Coffee to go“ in meist jämmerlicher Qualität in Pappbechern an Kiosken, auf der Straße, im Büro, ja sogar in der S-Bahn getrunken werden kann.

Freilich ohne den Duft, den ich hier im Café genoss.

Weil ich meinen „Irish Coffee“ unterdessen ausgetrunken, aber noch Zeit hatte und mir auch die letzte Seite des Büchleins mit seinen Kaffeegeschichten ansehen wollte, bestellte ich noch einen kleinen Espresso.

Die letzte Seite zeigte eine alte Fotografie des Berliner Restaurants „Zenner“ mit der Überschrift *„Der alte Brauch wird nicht gebrochen, hier können Familien Kaffee kochen“.*

Mit diesem Slogan, erklärte ein kurzer Text, warb noch in den zwanziger Jahren des vorigen Jahrhunderts die Gaststätte „Zenner“ in Treptow Familien zu sonntagnachmittäglichem Kaffeekränzchen ein.

Sächsische Kolonisten, von Friedrich II. im Berliner Vorort Treptow angesiedelt, hatten mit der Tradition begonnen, Ausflügler hier am Spreeufer zu bewirten. Als ihnen der Ausschank untersagt wurde, weil sie sich weigerten, die Getränkekonzession zu bezahlen, soll eine findige Kolonistin auf die

Idee gekommen sein, nur Geschirr bereitzustellen und heißes Wasser zu verkaufen. Kuchen und Kaffeebohnen oder schon gemahlenen Kaffee brachten sich die Gäste selbst mit. Die Geschäftsidee wurde rasch populär und verbreitete sich im gesamten Berliner Umland.

„Zenner“ war das berühmteste Ausflugslokal des Berliner Ostens, dessen Freiterrassen dazu einluden, den eigens mitgebrachten Kaffee hier im Kreis der Familie im Freien mit Blick auf die Spree zu mahlen und in der eigenen Kanne aufzubrühen. Eine Duftwolke von frisch gebrühtem Kaffee lockte schon weithin die heranströmenden Familien an, die mit der dampfbetriebenen S-Bahn vom Bahnhof Treptow kamen.

Da fiel mir meine Biografie ein, an der ich kürzlich geschrieben hatte. Und nun stellte ich mir einen solchen Sonntagnachmittagausflug der Familie Wenzlaff vor: Richard Wenzlaff, mein Urgroßvater, ein renommierter Schneidermeister, war sicher auch mit seiner Familie, den drei Töchtern Ella, Grete und Lene, gelegentlich aufgebrochen, um vom Bahnhof Friedrichstraße, in dessen Nähe er Werkstatt und Wohnung hatte, mit dem Dampfzug nach Treptow und dann zu „Zenner“ zu fahren.

Otto, sein Sohn, kam natürlich wieder nicht mit.

Er wollte nie das, was sein Vater wollte.

So war also in meiner Phantasie die Wenzlaffsche Familie ohne Otto unterwegs „nach Zenner raus“. Die große geblümte Kaffeekanne im Korb, den Streuselkuchen und die Tüte mit den gemahlen Bohnen musste Ella, die älteste, tragen. Tassen bekam man im Restaurant. Man fand Platz an einem der Gartentische und Ella und Lene gingen den Kaffee aufbrühen, während die kleine Grete am Tisch beim Vater blieb.

Mit der vollen Kanne wäre Ella auf dem Weg zurück beinahe hingestürzt, hätte sie nicht ein Kellner aufgefangen und einen

Moment länger festgehalten, als es nötig gewesen wäre. In den verliebte sich Ella, meine spätere Großmutter, so spontan und so heftig, dass ihr Vater, der die verliebten Blicke der beiden mit wachsender Verärgerung beobachtete, den Ausflug sofort abbrach.

Ella hat diesen Kellner, Alfred Hofert, meinen späteren Großvater, zwei Jahre später geheiratet.

So habe ich auch eine eigene Kaffeegeschichte.

„Sie sehen wirklich aus wie das „Schokoladenmädchen", sagte ich der Kellnerin, als ich schließlich bezahlen wollte.

„Wie wer?", fragte sie, etwas gereizt, wie mir schien. Irgendwie muss sie meine Feststellung als anzüglich verstanden haben und ich beeilte mich ihr zu erklären, dass es ein Bild gebe von dem Maler Liotard und das heißt „Das Schokoladenmädchen".

„Ach ja?" Sie schaute mich wieder freundlicher an. „Das wusste ich gar nicht. Ich arbeite erst seit zwei Monaten hier und finde unsere Kleidung zwar auch sehr passend für dieses Café. Nur im Sommer, wenn es heiß ist, ist sie etwas beschwerlich mit dem langen Rock und dem Jäckchen."

„Ja, das glaube ich", antwortete ich lachend, „aber ich finde es sehr hübsch und das Mieder" – diese Korrektur musste ich loswerden – „gehört eben dazu."

„Danke", sagte sie lächelnd. Hatte sie mein Kompliment auf sich bezogen? Sie deutete wieder einen Knicks an, räumte meine Tasse auf ihr Tablett und ich schaute ihr nach, wie sie sehr gerade, fast elegant zum Tresen zurückschritt.

Aber dass sie gar nichts wusste von dem Gemälde, das ich jetzt an den Wänden sogar vermisste!

Ich hätte ihr gerne das berühmte Bild gezeigt, als mein Schokoladenmädchen noch einmal an den Tisch trat: „Wie heißt der Maler, den Sie nannten und der so ein ‚Schokoladenmädchen' gemalt hatte?", fragte sie und ich wiederholte den Namen: „Liotard, mit ‚d' am Ende, Jean Ètienne mit Vornamen, 18. Jahrhundert, in dem auch Bach seine ‚Kaffeekantate' schrieb", erklärte ich etwas lehrerhaft.

Sie notierte sich den Namen auf einer Serviette und bedankte sich erneut für meine Auskunft.

Die junge Frau gefiel mir, auch wenn sie bisher gar nicht wusste, dass sie ein „Schokoladenmädchen" ist.

„Tschüss", sagte ich beim Hinausgehen und auch sie winkte kurz mit der Hand zum Gegengruß, als wären wir alte Bekannte.

Erfrischt, erwärmt und ein bisschen verträumt trat ich wieder hinaus ins Dämmerlicht des kalten Dezembertages. Der „Irish-Coffee" war klasse und das kleine Café „Kaffeekantate" eine Perle in dieser sonst eher öden Kleinstadt. Hier passte einfach alles zusammen.

Und abends werde ich mir die Bachsche „Kaffeekantate" anhören. Vielleicht würde sie mir nach diesem Kaffeehausbesuch besser gefallen, als ich sie in Erinnerung hatte.

Wenn ich die CD finde.

## *Soiree bei Anna Amalia*
Eine Schokoladengeschichte

Herzogin Anna Amalia hat die Porzellan-Etagere mit ihren geliebten Zimt-Waffeln und den Augsburger Butter-Ringeln eben noch etwas mehr in die Mitte des ovalen Tisches gerückt, tritt nun zwei Schritte zurück und überblickt mit kritischem Auge das Arrangement von Seidenblumen und Kerzen, gefalteten Servietten und dem Porzellangeschirr, das sie zur Nutzung für diesen Abend aus ihrer Sammlung ausgewählt hat.

Sie pflegt eine feine Tischkultur mit ausgewählten Leckereien, die den Gästen während des Rezitierens, Musizierens und Plauderns gereicht werden.

Dieser Montag, Ende November 1802, ist empfindlich kalt, nasskalt, und sie hat ihre Dienerschaft angewiesen, den Kamin im großen Esszimmer schon am Nachmittag anzuheizen.

Montags versammelt Anna Amalia hier ihre berühmte Tafelrunde im Weimarer Wittumspalais. Die ist längst eine feste Institution am Weimarer Hof.

Angesehene Literaten gehören zum Zirkel dieses Abends: Carl August Musäus, der Märchensammler und -erzähler, Carl Ludwig von Knebel, der Dichter Ludwig Gleim, Johann Gottfried Herder und vor allem Goethe, dessen Esprit und Humor der Abendgesellschaft immer wieder ein besonderes Flair verleiht.

In diesem Moment meldet ihr Kammerherr Siegmund von Seckendorf, selbst musisch begabt – er spielt mehrere Instrumente und komponiert –, dass Gleim und Herder bereits eingetroffen seien.

Die Begrüßung ist herzlich und familiär. In dieser Tafelrunde dürfen sich Adlige und Bürgerliche gleichberechtigt fühlen.

Herder stellt sich sogleich an den Kamin und reibt seine klammen Hände vor dem offenen Feuer.

Durch eine Seitentür betritt Hoffräulein von Göchhausen den Raum, die Goethes „Urfaust" kürzlich säuberlich abgeschrieben hat. Sie schaut sich suchend um, ob auch Goethe schon da ist und, da sie ihn nicht sieht, bemerkt Anna Amalia die leise Enttäuschung auf ihrem Gesicht. Sie weiß, wie sehr die Göchhausen den Dichter verehrt und wie sehr sie insgeheim unter Goethes Hinneigung zu Charlotte von Stein leidet. Deshalb legt sie jetzt mütterlich ihren Arm um sie: „Es wird wieder ein ausgefüllter Abend werden, meine Liebe. Wieland wird kommen und Bode natürlich mit seinem Cello. Auch Oeser wird wohl da sein. Sie wissen, dass er mir eine Porträtbüste versprochen hat, an der er hier in der Tafelrunde weiter arbeiten wird." Und weil sie sieht, dass diese Namen die Göchhausen durchaus nicht aufheitern, kündigt sie dann doch noch Goethes Anwesenheit an und bemerkt erheitert die leichte Röte, die augenblicklich die Wangen der jungen Comtesse färbt.

Gegen sechs Uhr abends - es ist bereits dunkel geworden und die Kerzen des Kronleuchters über dem Tisch sind angezündet - ist die Gesellschaft versammelt, hat ihre Plätze eingenommen und unterbricht die schon lebhaften Gespräche, um Bodmer Gehör zu schenken, der ein kleines Stück komponiert hat und nun auf dem Cello vorträgt. Er wird mit artigem Beifall belohnt und Goethe liest ein neues Gedicht, „Hochzeitslied", vor, das zur anfänglichen Verwunderung seiner Zuhörer eine Hochzeit in einer Zwergengesellschaft gestaltet. Aber bei dem Vers *„Nun dappelt's und rappelt's und klappert's im Saal, von Bänken und Stühlen und Tischen. Da will nun ein jeder beim festlichen Mahl sich neben dem Liebchen erfrischen"* gibt es großes Gelächter und Goethe muss diesen Vers noch zweimal wiederholen.

Dann entfaltet Anna Amalia einen Brief und überrascht die Gesellschaft mit einer Mitteilung, die sofort alle Gespräche auf diesen Punkt lenkt.

„Ich darf Ihnen mitteilen, dass wir nächste Woche einen besonderen Gast in unserer Tafelrunde begrüßen dürfen, Madam Germaine de Stael kommt nach Weimar. In diesem Billet teilt sie mir mit, dass sie … , murmelnd überflog sie die üblichen Eingangsfloskeln und las dann laut: „… werde ich am 1. Dezember Gast Ihres Salons, Ihrer Abendgesellschaft, sein und freue mich, auf einige der berühmten Dichter und Denker Ihres Landes zu treffen.“

Sie legte das Billet auf den Tisch und sah in die Runde. Einen Moment schwiegen alle.

„Madam de Stael in Weimar, welche Ehre“, kommentierte Herder als erster die Mitteilung und es war deutlich, dass sein spöttischer Unterton diese Aussage ein wenig ins Fragwürdige zog. „Sie lädt sich selbst ein. Das passt zu ihr“, sagte Gleim, was mit Heiterkeit bestätigt wurde, denn jeder wusste von Madam de Staels zwiespältigem Ruhm unter den deutschen Literaten: Einerseits empfanden sie die von ihr kürzlich geprägte Formulierung über die Deutschen als ein ‚Volk von Dichtern und Denkern’ als schmeichelhaft - auch wenn Goethe damals schon diesen Satz als romantische Verklärung abgetan hatte -, andererseits verstörten viele die zahlreichen Skandalgeschichten, die sich um ihren Umgang mit Männern rankten.

„Ich jedenfalls freue mich auf Madam de Stael und wir sollten dieser Frau, die Napoleon jetzt aus Frankreich ausgewiesen hat, hier bei uns einen angenehmen Aufenthalt bieten“, entschied Anna Amalia.

„Sie soll ja von dem alten Stael endlich geschieden sein“, ergänzte Musäus, der, stolz auf sein Gedächtnis, gern aus Journalen zitierte. So auch jetzt: „Ich fand eine Einschätzung behaltenswert, die ich kürzlich las. Ich darf zitieren: Sie sei - so wörtlich - ‚eine erstaunliche Frau. Worte wie Sanftmut, Grazie, Bescheidenheit, Manieren könne man nicht gebrauchen, wenn man von ihr spricht, aber man wird mitgerissen und unterliegt der Macht ihres Genies. Wo immer sie hingeht, verwandeln sich die meisten Menschen in Zuschauer'".

Er dankte geschmeichelt für den Beifall für sein Zitat, dann schaute er auf Goethe und ermunterte diesen mit einer fragenden Geste, seine Meinung kundzutun.

„Ja, ich habe ihren Roman ‚Delphin' überflogen, er ist ja noch nicht ins Deutsche übersetzt", begann dieser langsam und suchte - trotz seiner tatsächlichen Unkenntnis des Romans - nach einer gültigen Beurteilung. „Es ist ein Briefroman mit allen Vorzügen und Grenzen dieses Genres, die ich selbst einzuschätzen mir wohl zutrauen darf."

Ein Schmunzeln auf den Gesichtern der Tafelrunde zeigte, dass alle diese Anspielung auf seinen eigenen Briefroman, den „Werther", verstanden hatten.

„Diese Frau schreibt offenbar, wie sie selbst lebt, äußerst kritisch gegenüber unserer Standesgesellschaft und romantisierend zugleich, was ich nicht mag. Aber ich möchte unserer verehrten Gastgeberin darin zustimmen, dass ich einer Begegnung mit dieser ungewöhnlichen Frau mit Erwartung entgegensehe."

Mit diesen Worten griff er sich noch zwei Prinzess-Törtchen, lehnte sich zurück und schloss genussvoll die Augen, während er von einem der beiden Törtchen abbiss.

Damit war die Angelegenheit abschließend beurteilt, die Gäste nahmen ebenfalls noch einige der süßen Verführungen, um sich dann zu verabschieden und hinaus in die verregnete Novembernacht zu treten. Der kommende Montag würde ihnen also die Begegnung mit einer der bemerkenswertesten Frauen ihrer Zeit ermöglichen.

Daraus wurde jedoch nichts. Wetterunbilden verzögerten ihre Reise und so traf Madam de Stael erst am 13. Dezember in Weimar ein.

Die Herzogin Anna Amalia, ihr Sohn Carl August, der von ihr die Regierungsgeschäfte übernommen hatte, Charlotte Freifrau von Stein und weitere Regierungsmitglieder begrüßten sie vor dem Portal des Wittumspalais wie eine Fürstin.

Madam de Stael, sechsunddreißigjährig, trug ein braunes Reisekleid, bürgerlich im Schnitt, keine Perücke und begrüßte die Herzogin in betont aufrechter Haltung. Den Hofknicks sparte sie sich.

Für diesen besonderen Abend hatte Francois le Gullon, Großherzoglich Sächsisch-Weimarischer Mundkoch, Schokolade zum Thema seiner Kreationen gewählt und so bestimmten heute eine Schokoladentorte mit Mandeln und etwas Zimt bereitet, zwei Sorten Schokoladencremes, Schokoladen-Biskuits, glacierte Maronen und die beliebten Zimt-Waffeln das Tischarrangement sowie ein anmutig gestaltetes Kännchen, wie es für heiße Schokolade verwendet wird. Nach und nach versammelten sich die Gäste der musischen Abendrunde.

Madam de Stael, deren körperliche Attraktivität als Frau eher gering war, beeindruckte jedoch jeden, der sie begrüßte, sofort mit ihrem Witz und einer virtuosen Konversation. Vor allem Schiller, um dessen Anwesenheit Anna Amalia an diesem Abend besonders gebeten hatte, war fasziniert von der außerordentlichen Sachkenntnis dieser Frau, mit der sie jetzt sein soeben aufgeführtes Schauspiel „Die Jungfrau von Orleans“ lobte.

Dann stellte ihr Anna Amalia Goethe vor.

„Ah, der Dichter des ‚Werther'", rief sie aus, was Goethe allerdings verstimmte. „Die Leiden des jungen Werthers" waren sein Jugendwerk, gewiss das bekannteste, aber längst waren ihm seine „Iphigenie" und sein „Egmont" bedeutender und er hatte gehofft, vor allem ihr Urteil über seine Wilhelm Meister-Romane zu hören. „Werther ist er doch selbst gewesen", wandte sich Germaine de Stael, auf Goethe zeigend, sogleich an alle, die die kleine Gruppe umstanden.

„Nun, verehrte Madame de Stael, ich würde nicht vor Ihnen stehen, wenn ich tatsächlich Werther gewesen wäre, der sich ja am Ende erschossen hat", konterte Goethe.

Madam de Stael lachte und philosophierte sofort ausführlich darüber, wie viel eigene Biografie in jedem literarischen Werke sich verberge.

Goethe stand schweigend.

Dann erlöste le Gullon ihn aus dem Monolog der beredten Französin, indem er zu Tische bat.

Mit seinem französischen Akzent erläuterte er umständlich wie immer die Anfertigung des Schokoladengetränks, das er für den heutigen Abend kreiert hatte: Er habe geriebene Turiner Schokolade verwendet, die sich zwar schwerer als geringere Schokolade löse, jedoch keinen Bodensatz zurücklasse. Mit dem Quirle hier werde er sie zu Schaum aufschlagen und als solchen in die Schokoladentassen einfüllen. Mit einer kleinen erhitzten Eisenschaufel werde er sodann den Schaum an der Oberfläche überbacken, damit er nicht so schnell zusammenfalle.

„Ich empfehle, die Schokolade mit etwas Zwieback zu genießen", endete er seine Erklärung und gespannt verfolgten die Gäste nun jeden einzelnen Handgriff des Koches, nahmen indes von den angerichteten Biskuits und Maronen und erhielten schließlich jeweils ihre Tasse mit dem überbackenen Schaum.

Gleim sog den Duft mit der Nase ein und äußerte, noch bevor er überhaupt gekostet hatte, seine Bewunderung für den vorzüglichen Geschmack des aufgeschäumten Kakaos.

Goethe führte die Tasse an den Mund, um vorsichtig den heißen überbackenen Schaum abzuschlürfen, verbrannte sich dabei aber empfindlich die Lippen und stellte die Tasse mit schmerzverzerrtem Gesicht so heftig wieder ab, dass etwas Schokoladenschaum seinen Rockschoß und die Tischdecke beschmutzte.

„Der Dichter hat sich den Mund verbrannt", platzte Madam de Stael lachend heraus und alle klatschten entzückt zu diesem schlagfertigen Bonmot, dessen Doppelsinn sofort zum Gesprächsthema des Abends wurde. Madam de Stael dominierte es vollkommen.

Auch sie habe sich immer wieder „den Mund verbrannt", schon damals bei den Revolutionären, als sie nach anfänglicher Begeisterung für die Ideale von liberté, egalité und fraternité die blutigen Praktiken der Revolutionsführer attackiert hatte.

Hier versuchte Goethe seine ähnlichen Gedanken über die Französische Revolution in den Disput einzubringen, kam jedoch gegen den Redeeifer der Französin nicht an, winkte schließlich verdrossen mit der Hand ab und erhob sich. Er müsse jetzt seinen Rock reinigen, erklärte er und verließ den Saal.

Er kehrte an diesem Abend nicht in die Runde zurück und entschuldigte sich mit Unpässlichkeit auch für die folgenden Abende, solange Germaine de Stael in Weimar weilte.

„Es war eine nicht uninteressante Stunde", wird er später in seinem Tagebuch vermerken und hinzufügen: „Ich bin nicht zu Wort gekommen. Sie spricht gut, aber viel. Sehr viel."

# *Nymphenkraut*

## Eine göttliche Teegeschichte

Sie lieben Tee?

Und nun möchten Sie auch eine Geschichte zum Tee lesen?

Ja, die gibt es. Und da ich gern Geschichten erzähle von Göttern und den Mythen, die sich Griechen und Römer einst über sie ausdachten, handelt auch diese Geschichte unter den Unsterblichen. Die aber speisten Ambrosia, die ihnen ihre Unsterblichkeit verlieh, und tranken nicht Tee, sondern Nektar, während die Menschen Wasser tranken oder Wein, meist verdünnt mit Wasser. Mehr oder weniger. Mit den entsprechenden Folgen. Sie kannten nicht Kaffee oder Tee, jedenfalls nicht den schwarzen oder grünen. Diese Teesorten kamen erst ein paar tausend Jahre später nach Europa.

Doch Kräuter waren ihnen bekannt und auch die Methode, sie mit Wasser aufzubrühen, und sie wussten um die heilende oder erfrischende Wirkung bestimmter Kräutergetränke.

Deshalb ist es auch nicht verwunderlich, dass sich um ein solches Kraut ein Mythos rankt, eine „göttliche Teegeschichte".

Über Hades, den finsteren Gott der nach ihm benannten Unterwelt – Orcus oder Tartarus nannten sie die Römer,

die Hölle das christliche Abendland – über diesen Gott Hades gibt es natürlich keine schönen Geschichten.

Er war ein unbarmherziger, mitleidloser Gott, der niemanden, der einmal sein Reich, die Totenwelt, betreten hatte, wieder entließ. Nicht einmal unter den olympischen Göttern war er beliebt.

Aber ein Ereignis lässt uns auch diesen Gott in einem anderen Lichte sehen, eine Liebesgeschichte.

Nein, nicht die vom Raub der Persephone, der hübschen Tochter der Demeter, der Göttin der Landwirtschaft.

Aber mit ihr beginnt meine „Teegeschichte“:

Persephone spielte auf einer Wiese und pflückte Blumen, nach paradiesischer Sitte in verlock- ender Nacktheit und Demeter bangte stets um ihre Unver- sehrtheit.

So sah sie Hades, der Bruder des mächtigen Zeus.

Eindrucksvolle künstlerische Ge- staltungen haben diesen Raub in Marmor gehauen: Ein wilder, kraftvoller Mann, muskulös, reißt Persephone an sich, umklammert sie mit seinen Armen, zerrt sie mit sich und hinab in die fürchterliche Tiefe seines dunklen Reiches, in der die Seelen der Toten je nach irdischer Lebensart schmachten oder in den Elysischen Gefilden ein Leben in ewiger Wellness führen.

In diese finstere Schattenwelt also brachte er das junge Mädchen und sie konnte kein Gefallen an dem rauen, gewalttätigen Gatten finden, auch wenn er ein Gott war und sie nun die Göttin des Totenreiches.

Die Ehe blieb kinderlos. Wen wundert's?

Noch zorniger aber war ihre Mutter, schon wegen des frechen Raubes. Vor allem aber dauerte sie das Schicksal ihrer Tochter dort unten in der Finsternis.

Sie wandte sich an Zeus, den Frevel nicht zu dulden und unterstützte ihre Forderung nachdrücklich:

Mit Streik. Sie ließ die Vegetation der Erde verdorren. Verdorrte Erde aber hieß, keine Opfer der Menschen mehr für die Götter. Das zwang Zeus zu einer Entscheidung und die war durchaus diplomatisch: Persephone dürfe zwei Drittel des Jahres in der Welt des Lichts leben und nur ein Drittel müsse sie in der finsteren Welt des Hades bei ihrem Gatten verbringen.

In dieser Zeit verdorrte die Erde in der Kälte des Winters.

Hades musste diese Lösung akzeptieren und er tat es grollend, denn sie hieß für ihn, Enthaltsamkeit in zwei Dritteln des Jahres. Also keine Lösung für einen wilden Mann-Gott.

Aber auf der Erde lebten ja die kleinen Nymphen, liebreizende Mädchen, die ihre Sehnsucht nach Lust und Liebe in den Wäldern tanzten. Auch Zeus bediente sich gern ihrer Brunst, wenn Hera, seine Gattin, sich ihm versagte.

Eine dieser Nymphen übrigens kennen wir sogar persönlich: Echo, die, weil sie gern Liebesgeschichten des mächtigen Zeus ausplauderte, hart bestraft wurde: Sie durfte immer das letzte Wort haben. Aber eben nur dieses und nie ihr eigenes, sondern das des Vorsprechers.

Deshalb konnte sie auch ihre Liebe zum schönen Narzissus nicht mitteilen und sie verkümmerte in Sehnsucht nach ihm. Aber ihre Stimme blieb. Und wenn du in den Wäldern laut nach dem Namen des Bürgermeisters von Wesel fragst, antwortet sie zu Recht, was du bist: ein … .

Warum rufst du nicht: „Ich liebe dich“ – dann würde sie auch dir ihre Liebe gestehen.

Aber das ist eine andere Geschichte.

Also zurück zu Hades und dem Urteil des Zeus, das ihm gar nicht passte.

Hades erblickte die Nymphen in den Wäldern, ihren einladenden und verführerischen Tanz, sie lockten versprechend den plumpen Mann-Gott und versteckten sich dann kichernd in den Büschen des Waldes. Das reizte den mächtigen Gott und er nahm die kleine Minthä, eine verspielte Nymphe, die sich ihm schließlich ahnungslos hingab.

Persephone sah das neckische Spiel ihres göttlichen Gatten und sie reagierte wie jede Frau, die ihren Mann bei solchem Tun beobachten muss. Ihr eifersüchtiger Zorn entbrannte, sie packte diese kleine Törin, zerriss sie und verstreute ihre körperlichen Reste rund um den Berg Pelion, wo sie fortan als Unkraut wucherten.

Menschen und Tiere sollten auf ihm herumtrampeln, es niedertreten, demütigen.

Dieser Zorn erschütterte sogar Hades, der das Geschehen schweigend mit ansehen musste. Stumm trauerte er um seine zerstückelte Geliebte. Seine Sehnsucht nach ihr befriedigte er, wenn er seinen Leib in dieses Kraut drückte. Da begann es zu atmen und verströmte einen aromatischen Duft, den der Gott diesem Kraut gab.

Die Menschen zog sein göttlicher Wohlgeruch an, sie pflegten es, pflanzten es in ihren Gärten an und entdeckten die wohltätige Wirkung dieses Krautes, das als Küchenkraut seit über viertausend Jahren zu unseren beliebtesten Gewürzen gehört.

Schon antike Ärzte schrieben ihm wundersame Heilkräfte zu: Es senkt den Blutdruck, dient als Beruhigungsmittel gegen Schlaflosigkeit, aber auch der Empfängnisverhütung und der Steigerung männlicher Liebeskraft – eine sinnvolle Doppelwirkung. So wurde es für Mann und Weib gleichermaßen begehrenswert.

Wir verwenden es heute für erfrischenden Atem in Sprays und Kaugummi, vor allem aber, wenn unsere Kinder Bauchschmerzen haben, ungesüßt oder versüßt mit Honig oder Zucker, als T e e . Und mit etwas Zitrone versetzt, erfrischt, belebt und entspannt er zugleich und entfacht vielleicht auch deshalb unsere Lust, weil dieser sanfte, aromatische Tee auf eine göttliche Liebesgeschichte zurückgeht.

Das Kraut aber trägt noch immer den Namen dieser kleinen Nymphe: Minthä, lateinisch dann Mentha, deutsch – Minze.

Und weil sein Aroma bei aller Lieblichkeit auch einer gewissen Schärfe nicht entbehrt, nennen wir es *mentha piperata*, die PFEFFER-MINZE.

Und das ist doch wahrhaft eine göttliche Teegeschichte!

## *Wintergarten 1935*

Claire Waldoff im „Wintergarten“!

Ilse hatte für sich und ihre Freundin Charlotte zwei Karten für diesen Abend erstanden.

Der „Wintergarten“ in der Berliner Friedrichstraße zählte in den zwanziger und dreißiger Jahren des zwanzigsten Jahrhunderts zu den angesagtesten Vergnügungspalästen Berlins. Oft konnte sich Ilse einen Besuch dieses berühmten Varieté-Theaters allerdings nicht leisten und wenn, dann, wie heute, höchstens einen Stehplatz im Entree, für eine Reichsmark. Das war fast der halbe Wochenlohn ihres Lehrmädchengehalts, das sie bei Julius Wolf, einem jüdischen Handelskontor, verdiente. Aber auch hier im Entree konnte man die riesige Glaskuppel des Gebäudes bewundern, sah die Damen und Herren, die im Saal unter den Palmen an Tischen speisten, und erlebte die Vorführungen von Artisten und Sängern, die den Berliner „Wintergarten“ weltberühmt gemacht hatten.

Claire Waldoff war seit einem Jahr wieder auf der Bühne – die Nazis hatten ihr nach einem Auftritt bei der kommunistischen „Rote Hilfe“ im Berliner Sportpalast ein Auftrittsverbot erteilt und es erst nach ihrem Beitritt zur Reichskulturkammer wieder aufgehoben.

Ihr Bubikopf, die Krawatte und ihre Hose machten sie zu einer Künstlerin, die mit der Erotik einer Frau und zugleich mir der Lässigkeit und Frechheit eines Mannes spielte.

Ihre schnoddrigen Texte waren zwar nicht nach Ilses Geschmack, aber Charlotte, ihre Freundin und Arbeitskollegin, hatte sie überredet, zwei Karten zu besorgen.

Als jetzt der ganze Saal Claires Couplet *„Wer schmeißt denn da mit Lehm, der sollte sich was schäm' ...“* mitsang, schaute Ilse eher skeptisch auf die Künstlerin da oben auf der Bühne.

Und während alle enthusiastisch Beifall klatschten, stand sie mit verschränkten Armen.

Auf der Bühne dankte Claire in übertriebenen Gebärden für den anhaltenden Applaus und nach einem Moment der gespannten Erwartung aller Zuhörer sang sie ihr gerade berühmtestes Lied *„Hermann heeßt er“*.

„Das ist doch widerlich!“ Ein junger Mann war hinter die beiden getreten und hatte seinen Kopf zu Ilse vorgebeugt. Unwillig drehte sie sich um.

„Ich beobachte Sie schon eine Weile und habe den Eindruck, dass Sie sich auch nicht gerade amüsieren bei dieser – ‚Dame'.“

„Nu ma sachte, junger Mann. Wie können Sie es wagen, mich so einfach anzusprechen. Ick amüsiere mich prächtig und wüsste nicht, ob Sie dit überhaupt wat anjeht.“ Unwillkürlich war sie in den Berliner Dialekt verfallen, den sie sonst eigentlich mied. Mit diesen Worten drehte sie sich wieder um und ignorierte den kessen Herrn hinter ihr.

Der schwieg jetzt und Ilse wusste nicht, ob er noch hinter ihr stand. Sie hätte es aber gern gewusst und deshalb drehte sie sich doch noch einmal vorsichtig um und der junge Mann lachte: „Jetzt waren Sie aber gespannt, ob ich noch da bin, stimmt's?“

„Nee, natürlich nicht. Wat wolln Sie denn von mir?“

Der junge Mann war einen halben Kopf größer als sie, blond und trug eine Uniform, eine schwarze.

„Ich darf mich Ihnen vorstellen? Ich bin Horst Körber und das ist Kamerad Werner, mein Freund. Wir würden Sie und Ihre Freundin gerne einladen mit uns zu tanzen, wenn die Musik wieder spielt.“

Dass er bei diesen Worten eine leichte Verbeugung machte, beeindruckte Ilse und sie war einen Moment von dieser Höflichkeit und der schwarzen Uniform verwirrt.

Natürlich hatte sie ebenso wie Charlotte gehofft, dass einer käme, um sie nachher zum Tanz aufzufordern, aber das kam jetzt so unverhofft, dass sie erst einmal nur den Satz wiederholte, den sie gerade erst gesagt hatte: „Nein, natürlich nicht.“ Und weil sie sich über ihre Unbeholfenheit zugleich ärgerte, schaute sie angestrengt zur Bühne, stieß Charlotte heimlich an und deutete mit dem Kopf nach hinten. Nun schaute auch Charlotte kurz hinter sich und sah die beiden Männer in ihren Uniformen, die ihre Mützen unter den Arm geklemmt hatten.

Auf der Bühne war die Waldoff unterdessen abgetreten und die Kapelle begann zum Tanz zu spielen: Willy Fritschs Erfolgsschlager *„Tausendmal war ich im Traum bei dir“*. Da forderte der andere Charlotte zum Tanzen auf und sie nickte auch Ilse auffordernd zu.

„Nun kommen Sie schon! Wie heißen Sie?“

Dieser Horst ließ nicht locker. Und eigentlich stand seiner Aufforderung zum Tanz auch nichts entgegen.

„Ilse“, antworte sie kurz und hängte sich, da er ihr galant seinen Arm angeboten hatte, bei ihm ein. Er tanzte gut. Er sah auch gut aus, die blonden Haare etwas gewellt nach hinten gekämmt, die exakt geschneiderte Uniform, und er unterhielt sich gut mit ihr.

Als das Orchester anschließend den bekanntesten Schlager dieses Jahres 1935 spielte, Jan Kiepuras *„Ob blond, ob braun, ich liebe alle Frau'n“*, hatte Ilse den Schutzmantel demonstrativer Sprödigkeit abgelegt. „Und was ist das für eine Uniform?“, wollte sie wissen und er erklärte ihr stolz, dass er Mitglied der „Allgemeinen Schutz-Staffel“, der SS sei. „Der SS?“, fragte sie verwundert zurück. Dieses Kürzel hatte sie schon gehört, irgendeine neue militärische Formation des Führers. „Sind Sie politisch?", fragte sie misstrauisch. Ilse interessierte sich wenig für die neuen politischen Verhältnisse, die seit drei Jahren das Land bestimmten.

Bei ihr zu Hause sprach man nicht über Politik. Ihre Mutter hatte schon in den Jahren vor der Machtergreifung Hitlers im Januar '33 die beiden rivalisierenden Parteien abgelehnt: Die Roten mit ihrem Thälmann waren ihr zu proletarisch und die Braunen mit diesem Hitler zu laut und aufdringlich. Sie verachtete beide, denn sie waren gottlos.

Und nun tanzte ihre Tochter mit einem dieser Braunen in schwarzer Uniform. Aber schmuck sah er aus, höflich war er und gebildet, fand sie.

Die Kapelle spielte jetzt „*Schön ist die Liebe im Hafen*". Sie kannte natürlich auch diesen Schlager, den man in diesem Jahr überall spielte, und Horst führte sie phantastisch im Walzertakt, linksherum, rechtsherum ... .

Er begleitete sie nach Hause, sie wohnte in der Holzmarktstraße am Bahnhof Jannowitzbrücke, und sie fragte noch, warum er die Waldoff vorhin eigentlich „widerlich" genannt habe. Seine Antwort: Sie sei keine richtige Frau. Ihre Texte seien doch banal und unanständig, also *undeutsch*. Mit diesem Wort konnte Ilse nichts anfangen, sie verstand nicht genau, was er damit meinte, stimmte ihm aber zu. Sie erzählte ihm, dass sie im Berliner Turnverein (BTV) organisiert sei und vielleicht sogar an der Eröffnungsveranstaltung der Olympischen Spiele im großen Olympiastadion nächstes Jahr teilnehmen werde, von denen man jetzt immer öfter sprach.

Horst war im Berliner Ruderclub und schwärmte ihr von den Wanderfahrten vor, die sie oft unternähmen.

Vor dem Eingangstor ihres Hauses verabschiedeten sie sich mit einem flüchtigen Kuss und verabredeten sich für den kommenden Mittwoch zum Kino.

Er wollte gern *„Der alte und der junge König“* sehen mit Emil Jannings, wofür Ilse nur wenig Interesse zeigte, und so einigten sich beide schließlich auf *„Winternachtstraum“* mit Magda Schneider, Theo Lingen und Hans Moser im „Capitol“ in der Neuen Schönhauser Straße.

Der Filmtitel gefiel ihr, weil er ein bisschen wie „Wintergarten“ klang.

Zu Hause erwarteten sie am nächsten Tag die Vorhaltungen ihrer Mutter, weil sie Alfred, ihren ein Jahr älteren Bruder wieder nicht mitgenommen hatte. Aber schon der Gedanke, ihren humpelnden Bruder ihren Freundinnen vorzustellen, war ihr unangenehm. Gewiss, er war lange krank gewesen, war mit seiner Knochentuberkulose nur knapp dem Tode entkommen, aber er passte überhaupt nicht in ihre Welt, zu ihren Interessen und die waren Turnen, Kino, Tanzen. Er hockte dagegen zu Hause, fuhr nicht mal mit dem Rad. Er hatte Buchhalter gelernt und irgendwie passte das zu seiner unsportlichen Erscheinung, fand sie.

Ihrer Mutter erzählte sie an diesem Tage nichts von der neuen Bekanntschaft.

Die wurde in den folgenden anderthalb Jahren zum Mittelpunkt ihres Lebens. Vor ihren Freundinnen schwärmte sie von ihrem blonden Horst, mit ihm ging sie tanzen, ins „Haus Vaterland“ am Potsdamer Platz und oft ins Kino. Filme mit Heinz Rühmann, Hans Moser und Theo Lingen liebte sie am meisten. Mehrere Wochenenden verbrachte sie mit ihm in seinem Ruderverein und er holte sie vom Turnen ab. Stolz führte sie ihm auch ihren Oberarmstand am Barren vor. Den konnte nicht jede. Ihre Liebe festigte sich, nur ihren Eltern wollte sie ihn nicht vorstellen. Für ihren Vater, einen ehemaligen Kellner, schämte sie sich, wenn der jeden Morgen seinen mobilen Tabakwarenladen an die Ecke Holzmarkt- und Brückenstraße zog und sie befürchtete, dass ihre Mutter Horst missionieren wollen würde. Der christliche Glaube war seit der Heilung ihres Sohnes Alfred ihr Lebensinhalt und für ihren Missionsdienst vernachlässigte sie oft alle anderen Pflichten einer Hausfrau. Ilse wollte heraus aus dieser tristen Umgebung einer Kellerwohnung und Horst war ihre Chance.

Als sie im Oktober 1937 einundzwanzig geworden war, wollten sie heiraten.

Horst erklärte ihr, dass sie nach einem Gesetz des Führers von 1935 wie alle Deutschen, vor allem aber für die Heirat mit einem SS-Angehörigen, einen Ariernachweis vorlegen müsse.

Das sei kein Problem, meinte sie und übergab ihm dann eine beglaubigte Fotokopie ihres Familienstammbuchs zur Vorlage beim SS-Sippenamt.

Von dort erhielt sie zwei Wochen später ein Schreiben des Landessippenamtsvorstehers, dass eine Heirat mit SturmführerSS Horst Körber ausgeschlossen sei, da ihr Großvater Ferdinand Julius Heinrich Hofert als Jude aktenkundig sei, ihr Vater folglich Halbjude und sie persönlich Vierteljüdin sei und außerstande, eine reinrassige arische Nachkommenschaft zu gebären.

Ilse hatte ihren Großvater väterlicherseits nie kennen gelernt, auf der Heiratsurkunde ihres Vaters stand, dass dessen Aufenthalt unbekannt sei und Familiengeschichte hatte sie sowieso nie interessiert. Das Ende ihrer Beziehung zu Horst traf sie umso tiefer, weil sie zunächst gar nicht verstand, worum es hier ging: Jude, Halbjude, Vierteljude …

Ja, sie hatte auch Reden Hitlers gelegentlich gehört, wenn sie mit Lautsprechern auf Straßen und Plätzen übertragen wurden und das Weltjudentum als Grundübel Deutschlands gebrandmarkt wurde. Ein Radio hatten sie zu Hause noch nicht. Der Volksempfänger, die „Goebbelsschnauze", wie er im Volk hieß, wurde gerade erst seit 1934 massenhaft auf den Markt geworfen.

Auf Straßenplakaten hatte Ilse gelesen, dass die Juden schuld seien an der Armut der Deutschen und das leuchtete ihr sogar ein: Die Juden besaßen alle großen Kaufhäuser, das von Hermann Tietz am Alex, „Wertheim" am Rosenthaler Platz und in der Leipziger Straße, das „KadeWe" nahe dem Bahnhof Zoo und fast alle Banken. Aber ihre persönlichen Erfahrungen mit Juden waren belanglos und widersprachen eigentlich den Zerrbildern, mit denen sie öffentlich dargestellt wurden.

Ihren jüdischen Chef fand sie zwar dämlich, als er ihr einmal eine Tüte mit Birnen, die sie als Lehrmädchen für ihn besorgen musste, mit den Worten zurückgab, die seien ja knorrtrocken, während ihm der Saft auf beiden Seiten aus den Mundwinkeln lief, nachdem er von einer abgebissen hatte. Aber war das nur für Juden typisch?

Sie hatte über Juden noch nie nachgedacht.

Es hatte sie nicht interessiert.

Es interessierte allerdings viele Menschen damals nicht.

Aber nun hatte sie erfahren, dass auch in ihrem Blut etwas Jüdisches zirkuliere, nicht mehr viel, aber zuviel, um ihrem Freund gesunde, „reinrassige" deutsche Kinder zu schenken.

Und ihr Vater Alfred Julius Hofert war daran schuld.

Sie verfluchte nicht Hitler, sondern den Vater, der mit seiner Abstammung ihre Liebe zerstörte, wie sie meinte, und verstand nichts von ihrer „Erblast", über die sie mit niemandem danach sprach.

Erst als in der sogenannten „Reichskristallnacht" im November 1938, ein Jahr später, jüdische Synagogen brannten und die Scheiben des jüdischen Ladenbesitzers nebenan zertrümmert wurden, den sie als freundlichen und hilfsbereiten Nachbarn ihrer Eltern flüchtig kannte, ahnte sie, dass das, was Hitlers fanatische Reden ankündigten, auch sie persönlich betreffen könnte.

Horst Körber meldete sich nicht noch einmal bei ihr.

Zum Glück, finde ich.

Zum ersten Mal hatte sie erleben müssen, dass die politischen Verhältnisse, die sie bisher nicht interessiert hatten, trotzdem in ihr Leben eingriffen.

Ihre Sehnsucht nach einem blonden, sportlichen Mann wurde dann doch noch erfüllt: Im gleichen Ruderverein von Horst Körber lernte sie wenig später Kurt Lange kennen. Den heiratete sie am 10. August 1940, so wurde sie Frau Ilse Lange – meine Mutter.

Sie ist jetzt 97 Jahre alt und fast erblindet. Ich habe ihr ihre Geschichte, die ich nach ihren anschaulichen Erzählungen aufgeschrieben habe, vorgelesen. „Was du alles noch von mir weißt!“, sagte sie erstaunt und ich spürte, wie stolz sie ist auf ihren Sohn, der ein Stück ihrer sich verdunkelnden Erinnerungen festgehalten hat.

## *Ein Licht. Eine Stimme*

Kurt war Hilfsarbeiter bei der Reichsbahn. Das war für Ilse zwar besser als die zerstörte Liebe zu ihrem Jugendfreund Horst, der bei der SS war, doch sie wünschte, dass Kurt sich beruflich qualifizieren sollte. Er wurde Schrankenwärter.

Mit Kurt konnte Ilse ihre sportlichen Interessen teilen. Beide waren Wanderruderer, hatten sich ein eigenes Ruderboot, eines mit Rollsitzen, erworben und unternahmen ausgedehnte Wanderfahrten in die seenreiche Mark Brandenburg. Sie waren musikalisch, spielten Gitarre, Mandoline und Akkordeon und sangen gern nach dem Brauch der Zeit gemeinsam Volkslieder.

Und sie erwarteten ein Kind.

Der Krieg, den Hitler über ganz Europa bereits ausbreitete, warf zwar schon seine Schatten – oder genauer: seine ersten Bomben auf deutsche Städte –, die betrafen aber noch nicht das kleine Häuschen, das sie in Karow gepachtet hatten.

Kurt und Ilse hatten sich eine Couchgarnitur gekauft und der werdende Vater hatte mit handwerklichem Geschick Tisch und Kommode gebaut, die dann sogar den Krieg überstanden. Die markigen Siegesmeldungen drangen nicht mehr über eine „Goebbelsschnauze" in das kleine Karower Wohnzimmer, sondern über einen „Super" mit einem „Magischen Auge", einem grünen Licht, das die Sendereinstellung anzeigte, damals eine Attraktion. Ein Auto, einen „Volkswagen", wollten sie sich nach dem Krieg kaufen und KdF-Reisen in die immer größer werdende deutsche Welt nach dem Endsieg machen.

Ilse saß gern in dem gemütlichen Wohnzimmer, spürte gelegentlich die Bewegungen des kleinen Menschen, der da in ihrem Bauch herumtobte, und hörte gerade im Radio, dass es an der Ostfront eine kleine Verzögerung gab. „General Winter", wie es hieß, zwinge vor Stalingrad an der Wolga die siegreichen deutschen Truppen zu einer Umgruppierung ihrer Kräfte und weil gleich danach Zarah Leanders neuester Schlager erklang, „*Ich weiß, es wird einmal ein Wunder geschehen*", verscheuchte auch Ilse schnell wieder eine flüchtige Angst. Das „Wunder" geschah für Ilse gerade in ihrem Bauch.

Am Nachmittag des 15. Dezember 1942 hatte es ein wenig geschneit. Die Tagestemperatur lag bei Null Grad. Abends setzten die ersten Wehen bei meiner werdenden Mutter ein. Sie war allein zu Haus. Kurt hatte in dieser Nacht Dienst an seiner Schranke an der S-Bahn-Strecke zwischen Karow und Buch. Die Nacht war ruhig. Ein Bombenangriff, wie ihn Berlin einen Monat zuvor zum ersten Mal erlebt hatte, drohte nicht.

Gegen zwanzig Uhr war Ilse klar, dass sie nun handeln, dass sie mit der S-Bahn nach Pankow fahren musste, um die nächste Entbindungsstation, das Krankenhaus „Maria Heimsuchung", zu erreichen. Also griff sie ihr gepacktes Köfferchen und machte sich auf den Weg zur S-Bahn-Station, eine Viertelstunde Fußweg. Dunkel war es, die Straßenlaternen waren neuerdings abgeschaltet – Verdunklungspflicht! –, aber dunkel war es immer in Karow, menschenleer und sehr ruhig. Außer einer S-Bahn, die sie in der Ferne hörte, störte kein Geräusch die nächtliche Stille. Die hatte sie also nicht mehr geschafft. Immer wieder musste sie anhalten, um durchzuatmen. Ungeduldig erwartete meine immer mehr werdende Mutter, mutterseelenallein und zitternd vor Kälte und Angst auf dem leeren Bahnhof die nächste Bahn.

Ihre Angst vermehrte sich mit jeder regelmäßig stärker werdenden Wehe. Sie biss die Zähne zusammen. Drei Stationen waren es: Blankenburg, Heinersdorf, endlich Pankow, dann noch etwa 10 Minuten Fußweg bis zum Krankenhaus. Es war ganz schön knapp, denn drei Stunden später, nachts um 2 Uhr war ich auf der Welt. Ich war willkommen und noch sprach alles für ein glückliches Familienidyll: ein Häuschen, ein Gärtchen, ein Baby, die Eltern gesund mit Plänen für die Zukunft. Es war das erste Weihnachtsfest der jungen Familie im verschneiten Garten von Karow. Und es sollte das letzte sein; Hitlers Krieg griff in ihr Leben ein.

Das Dach des kleinen Hauses in Karow wurde durch eine verirrte Bombe, die auf das Nachbargrundstück gefallen war, stark zerstört. Meine Mutter hatte den Luftschutzbunker nicht aufgesucht – was sollte in Karow schon passieren? – und das Körbchen mit mir darin lag unter den Scherben zersplitterter Scheiben.

„*Davon geht die Welt nicht unter*", sang die Zarah im Radio, aber Ilses kleine Welt war gerade untergegangen: Kurt musste an die Westfront, um in Frankreich den immer unwahrscheinlicheren Endsieg zu stabilisieren und meine Mutter und ich zogen nach Berlin in Großmutters Kellerwohnung am Bahnhof Jannowitzbrücke, dorthin, wo meine Mutter aufgewachsen war.

Und noch ein Schlag des damals von Hitler viel beschrieenen Schicksals: Eine Brandbombe legte auch dieses Haus Anfang `45 in Schutt und Asche, nur die Kellerwohnung – meine Großmutter sprach nur von einer Souterrainwohnung – blieb bewohnbar. Im Radio verbreitete Heinz Rühmann Optimismus: „*Das kann doch einen Seemann nicht erschüttern*", doch Ilse war kein Seemann und ihr Lebensschiff hatte empfindlich Schlagseite bekommen.

Immerhin, es regnete nicht in die Wohnung, über der sich der Schuttberg des zertrümmerten Hauses türmte. Ein Weg wurde freigeschaufelt und so blieben wir bis zum Kriegsende in dieser Ruine wohnen. Einige Möbel waren erhalten und vor allem die Betten, die meine umsichtige Großmutter ohnehin in den Luftschutzbunker mitgenommen hatte.

Dann war Frieden, Mai 1945.

Sehnsüchtig erwartete Ilse Kurts Heimkehr aus der englischen Kriegsgefangenschaft in Schleswig-Holstein. Er war nicht verletzt, er würde das Haus wieder reparieren.

*„Ich weiß, es wird einmal ein Wunder geschehen“ …*

Aber er kam nicht. Er kam nicht zur ersten Nachkriegsweihnacht, nicht Ostern `46, aber ein Brief von ihm kam: Er habe eine Frau in Neumünster gefunden, die auch einen Sohn in meinem Alter habe, aber eine, die nicht wie alle hier im Osten von Russen vergewaltigt worden sei, schrieb er ihr.

Meine Mutter war gar nicht vergewaltigt worden, denn sie war durch mich geschützt: Die Russen vergriffen sich seltener an Frauen mit Kleinkindern auf dem Arm.

Er starb 1952 an den Folgen eines Magengeschwürs im Alter von 38 Jahren, ein Jahr später seine zweite Ehefrau.

Gott habe ihn gestraft, erklärte meine fromme Großmutter. Das fand ich irgendwie anmaßend. Meine Mutter erzog mich trotzdem in Achtung vor meinem Vater, jedenfalls vor seinem handwerklichen Geschick.

Von ihrer Verzweiflung habe ich als Vier- und Fünfjähriger wenig mitbekommen. Erst später wurde mir bewusst, warum die Ereignisse jener Zeit meine junge, sportliche Mutter so verändert hatten: Ihr Mann hatte sie verlassen, das kleine Haus in Karow war zerstört und mit ihm alle früheren Zukunftsträume. Das Ruderboot war verbrannt und sie hauste mit ihrer Mutter und ihrem ungeliebten Bruder in einer zerbombten Kellerwohnung, aus der sie dringend ausziehen mussten. Ihr Vater war 1946 in einem Hospital in der Tschechei verstorben und sie wusste oft nicht, wo sie für mich ein bisschen

Milch und etwas zu essen herbekam. Sie war hilf- und hoffnungslos.

Meine Großmutter vertraute tapfer auf Gottes Hilfe. Die hatte meine Mutter bisher nicht gebraucht, aber dann, so erzählte sie es mir einmal, sei in ihrer Not ein Ereignis geschehen, das ihrem Leben einen neuen Sinn und Halt geben sollte. Sie schreckte aus einem Traum auf, in dem ihr ein gleißendes Licht, eine Lichtgestalt erschienen sei und sie gerufen habe: „Folge mir!"

Ihr erstes Gebet wurde auf wundersame Weise schon nach wenigen Tagen „erhört": Ein fremder Mann bot ihr, als sie weinend vor der Ruine in der Holzmarktstraße stand, die fast unversehrte Wohnung einer geflüchteten Nazi-Familie in der Hankestraße am heutigen Luxemburgplatz an.

Ja, ein „*Wunder war geschehen*", ein Engel des HERRN war ihr erschienen!

Der „Engel" war natürlich kein Engel, eher das Gegenteil: ein Kommunist, der aus sowjetischer Emigration zurückgekehrt war und unter der Obhut der sowjetischen Kommandantur die Berliner Stadtverwaltung zu organisieren begann, wie sich später herausstellte. Aber das wusste meine Mutter nicht und weil ein Wunder ja nach Goethe „des Glaubens liebstes Kind" ist, dankte sie Gott und sang im Chor der „Volksmission" zur Gitarre auf den zerstörten Straßen Berlins zur Ehre des HERRN.

Am liebsten wäre sie ganz in ihrem Glauben aufgegangen, der sie über den Verlust von Mann und Haus hinwegtröstete. Gern wäre sie Diakonisse geworden wie Schwester Elfriede, eine Bekannte, die unabhängig von allen weltlichen Sorgen ihren Krankendienst in einem Diakonissenhaus in Woltersdorf bei Berlin ausübte. Wir besuchten sie öfter. Aber meine Mutter hatte ja einen kleinen Sohn, für den sie sorgen musste.

Tagsüber versorgte mich meine Großmutter, die praktisch die Rolle einer Mutter übernommen hatte, und ich erinnere mich besonders der Brühnudelsuppe in der „Schwedenspeisung“, einer kostenlosen Mittagessenausgabe im Georgenkirchsaal am Alexanderplatz. Wir kauften gelegentlich Milch in einem Kuhstall im Hinterhof der Linienstraße oder nur die bläulich schimmernde Molke, die ich damals allerdings gerne trank. Die Kühe hatten nie eine Weide gesehen.

Tagsüber musste meine Mutter Steine klopfen, als „Trümmerfrau“ arbeiten, manchmal war ich dabei. Überall in den Straßen Berlins waren Geleise verlegt worden für die Trümmerbahnen, deren kleine Dampf- oder Diesellokomotiven die Kipploren zogen. In der Max-Beer-Straße (damals hieß sie noch Dragonerstr.) spielten wir abends auf diesen Loren, schoben einen kräftigen Anlauf und rollten dann die Straße entlang, bis der Wagen irgendwo aufprallte. Wenn einer dann entgleiste, was öfter geschah, war es Schwerstarbeit, ihn wieder in die Spur zu bringen. Es war gefährlich und meine Mutter verbot mir das schließlich.

Vor unserem Haus lag die U-Bahnstation „Rosa-Luxemburg-Platz“, die vor dieser Umbenennung „Schönhauser Tor“, in der Nazizeit „Horst-Wessel-Platz“ und ursprünglich „Bülowplatz“ hieß. Die Ruine der „Volksbühne“ war mein Spielplatz, bis sie ab 1952 wieder aufgebaut wurde.

In diesem Kiez begann mein Lebensweg, hier wurde ich 1948, fünfjährig, in die 24. Grundschule in der Hirtenstraße eingeschult.

Als ich zehn Jahre alt war, wurde ich Mitglied im Posaunenchor der Marienkirche. Ich war der Jüngste und Kleinste, daher besonders beachtet, was mir schmeichelte, und von da an fühlte ich mich dieser Kirche im Zentrum Berlins verbunden und war stolz, dass mich hier, in dieser Kirche, ein namhafter und würdiger Pfarrer, Probst Heinrich Grüber, konfirmierte.

Grüber hatte das KZ Sachsenhausen bei Oranienburg überlebt, „dank seines Glaubens“, wie ich lernte. Nach ihm ist heute ein Platz in der Stadt Oranienburg benannt, in der ich heute wohne.

Meine Mutter war längst wieder in die reale Welt des Berufsalltags eingebunden. Sie arbeitete als Lohnbuchhalterin im Berliner Polizeipräsidium, dann im Regierungskrankenhaus und schließlich in der Lohnbuchhaltung der Humboldt-Universität. Erst mit sechzig ging sie in den Pflegedienst eines christlichen Altersheims. Dort blieb sie, nun selbst als Pflegefall.

Dass ich nach der achten Klasse Pfarrer werden wollte, hatte mit jener merkwürdigen Lichterschienung meiner Mutter nichts zu tun. Das lag an der starken Vorbildwirkung des Pfarrers Arnold. Er leitete den Konfirmandenunterricht in der Marienkirche und beeindruckte mich durch sein mutiges Einstehen für die persönliche Überzeugung. Ich wollte werden wie er.

Warum ich es dann doch nicht wurde, das ist dann wieder eine neue Geschichte. Die Hoffnung meiner Mutter, mich als Pfarrer zu sehen, ist zwar zerschellt, aber stolz ist sie trotzdem auf ihren „unfrommen“ Sohn heute und ihre eigene Frömmigkeit versandet jetzt im Dämmerlicht einer sanften Demenz.

Aber die Volkslieder, die sie damals mit Kurt gesungen hat, die kann sie alle noch mitsingen, wenn sie in ihrem Pflegeheim gemeinsam singen.

## *Unfromme Wende*

Von 1956 bis 1960 habe ich eine evangelische Internatsschule in Dahme/M besucht. Gelegentlich habe ich diese vier Jahre meiner Biografie verschwiegen. Sie passten nicht in jedes Ohr von Vorgesetzten meiner späteren sozialistischen Schulbehörden, fand ich, weil es zu viel Erklärung bedurft hätte, warum diese Zeit immer ein nachhaltiger Abschnitt meines Lebensweges und meiner Entwicklung geblieben war.

Und manchmal fand ich sie auch peinlich, die verwunderten Fragen von Freunden und Bekannten, später: „Was? Priester wolltest du werden?" „Nein, Pfarrer. Ich war evangelisch. Das war ein evangelisches Proseminar." „So was gab's in der DDR?"

Ja, so etwas gab es, fast zwanzig Jahre lang, und ich war auch immer etwas stolz auf die Zeit in diesem Internat, die nicht viele so erlebt haben.

„Dahme" wurde für mich zum Synonym für vier Jahre Gemeinschaftsleben mit Gleichaltrigen, vier Jahre Tag und Nacht mit drei bis vier Jungen in einem Zimmer, obwohl ich zu Hause in Berlin ein eigenes großes Zimmer hatte. Waschen, Zähneputzen, Nägel schneiden – immer in Gesellschaft anderer. Oft vermisste ich die Rückzugsmöglichkeit, einmal allein sein zu können.

Da vielen Pfarrern der Weg in den Westen als Flucht vor ihrer Aufgabe, ihrer Berufung gerade in *diesem* Lande, der DDR, erschien, schickten sie ihre Söhne, denen oft der Zugang zum Abitur und zum Studium verwehrt wurde, nach Dahme aufs Proseminar. Hier gab es eine Unterrichtsabteilung. Dabei waren spätere Berufsziele meist unklar; vorgesehen war eine an das Proseminar anschließende zweijährige vortheologische Ausbildung im Oberseminar zu Hermannswerder bei Potsdam mit einem Abitur, das zum theologischen Studium an einer Universität der DDR befähigte.

Viele Jungen meiner Generation verließen jedoch nach dem Proseminar die DDR, was bis zum August 1961, dem Jahr des Mauerbaus, möglich war. Sie erwarben dann das Abitur in einem vor allem auf die im Proseminar vernachlässigten naturwissenschaftlichen Fächer ausgerichteten Aufbaukurs an einem Westberliner Gymnasium.

Ich hatte diesen Schritt ebenfalls überlegt und war in den Sommerferien nach dem zweiten Jahr im Internat mit dem Fahrrad nach Marienfelde in Westberlin gefahren. Dort sah ich die Schlange stehenden DDR-Flüchtlinge mit ihren Koffern und Kinderwagen vor dem Tor des Westberliner Aufnahmelagers. Für mich war der Anblick, wie diese Familien mit ihren Habseligkeiten anstanden, um Aufnahme im Westen zu erbitten, so erschütternd, dass ich diesen Weg für mich ausschloss.

Ja, ich wollte Pfarrer werden, aber ich wollte Pfarrer in der DDR werden, ich wollte werden wie der junge Pfarrer Arnold, der mich konfirmiert hatte und für dessen Art, mit jungen Menschen zu arbeiten, sie zu begeistern für ein mutiges Einstehen zur eigenen Überzeugung ich mich begeisterte.

Ich freute mich damals auf diesen neuen Lebensabschnitt, der nach der Konfirmation ein halbes Jahr zuvor nun endgültig meine Kindheit abschloss.

Unsere Unterrichtsfächer waren Deutsch, Geschichte, Englisch, Musik, Latein und Griechisch. Nicht erlaubt war dem Proseminar der Unterricht von naturwissenschaftlichen Fächern, Physik, Mathematik, Chemie, Biologie, weil sie nichts mit der kirchlichen Ausbildungsstruktur des Seminars zu tun hätten.

Auch fehlten wohl entsprechende Fachlehrer. Mathematik und Physik wurden jedoch in der Berufsschule unterrichtet, die alle Proseminaristen der Grund- und Mittelstufe einmal in der Woche besuchen mussten.

Wir belächelten den Staatsbürgerkundeunterricht, den wir hier genossen, waren aber von der Heimleitung angehalten worden, keine provokanten Diskussionen zu führen. Die lagen allerdings nahe, denn in diese Zeit fiel der Einmarsch sowjetischer Truppen in Ungarn, Herbst 1956.

Die Ordnung und Disziplin im Proseminar, der sich alle unterwarfen, ist mir in angenehmer Erinnerung geblieben, weil sie einem insgesamt harmonischen Geist und einer von der häuslichen Erziehung der meisten Proseminaristen geprägten Kultiviertheit entsprang und nicht als Zwang empfunden wurde. Diese Qualität wurde mir erst später bewusst, als ich vier Monate im staatlichen Internat der zehnklassigen Oberschule von Dahme verbrachte.

Seit der Mittelstufe, also nach etwa zwei Jahren im Proseminar, empfand ich jedoch keine innere Bindung mehr an eine wie auch immer gedachte Gottheit, der ich dienen, die ich lieben, der ich vertrauen sollte. Mit der Entfernung vom Sinn religiöser Texte und ihrer rituellen Verwertung wuchs jedoch meine Liebe zur Kirchenmusik, die mit ihren Mitteln eine Frömmigkeit formulierte, die ich noch heute nachvollziehen kann, wenn ich von einigen Texten absehe, z.B. in Händels ansonsten großartigem Oratorium „Messias". Diese Wandlung, die meine Achtung vor denen, die es wirklich ernstnahmen, jedoch nicht beeinträchtigte, machte mir aber die Unmöglichkeit deutlich, einen kirchlichen Beruf auszuüben.

Ich beschäftigte mich in diesem Jahr zum ersten Mal mit Psychologie. In Westberlin hatte ich mir ein Taschenbuch über psychologische Erscheinungen und Störungen gekauft und las es mit größtem Interesse. Meine Erfahrungen aus der Lektüre setzte ich immer wieder in Beziehung zu den Merkwürdigkeiten religiöser Zeremonien und Geschehnisse, die ich selbst erlebt hatte und deutete sie mir als psychische Phänomene. Vor allem das Beten erklärte ich mir zunehmend als ein Selbstgespräch, in dem ganz persönliche und geheime Wünsche, Hoffnungen und Ängste an einen imaginären Partner gerichtet wurden. Sie auf diese Weise auszusprechen, „jemandem" anzuvertrauen, erleichtert sicher oder stärkt möglicherweise den Betenden. Dass diese geistige Konzentration und der fiktive Dialog auch Einsichten und Entscheidungen förderte, konnte ich selbst an mir erfahren, aber ich konnte auf die Förmlichkeit eines Gebets dabei durchaus verzichten, auch auf das Gemeinschaftserlebnis des „Vaterunser-Gebets", das mit jeder Zeile in seiner Unterwürfigkeit unter einen Herrn für mich persönlich ein mehr und mehr sinnentleerter Text geworden war, wenngleich ich den Satz „*Unser täglich Brot gib uns heute*" poetisch eindrucksvoll fand.

Dahme ist ein „kleines sauberes Landstädtchen", rund 800 Jahre alt, hat eine Hauptstraße, knapp zwei Kilometer lang, und ich war ein Großstädter, sechszehnjährig unterdessen. Das sollte man sehen. So schlenderte ich abends mit meinem Kofferradio im Arm und mit Sonnenbrille, wie ich es in Berlin, Westberlin, gesehen hatte, über diese abendliche Hauptstraße mit dem imposanten monumentalen Rathaus aus rotem Backstein und seinem einprägsamen Turmbau.

Eindruck wollte ich bei den Mädchen in der Stadt machen, aber es blieb vorerst bei meiner Sehnsucht nach ihnen.

Eine gefiel mir, sie war die Tochter einer unserer Küchenfrauen, blond, mit Pferdeschwanz und ich ging besonders gern durch die Straße, in der sie wohnte. Jörg auch. Jörg war größer als ich. Jörg war stärker als ich und eines Tages sah ich Jörg mit ihr, er war auch schneller als ich gewesen.

Mit ihnen ging jedoch noch ein Mädchen, auch blond, vielleicht nicht ganz so auffallend attraktiv, aber von einer dezenten Schönheit und Anmut.

Jörg, mit dem ich mich gut verstand, übernahm es, für mich die Straße zu erfragen, wo sie wohnte.

Konnte ich dieses fremde Mädchen einfach ansprechen? „Wollen wir ein bisschen zusammen spazieren gehen?“ oder „Darf ich dich ins Kino einladen?“ oder mit welchen Worten sollte ich das anfangen?

Ich wusste unterdessen, in welchem Haus sie wohnte und hielt mich oft in dessen Nähe auf. Eines Tages sprach ich sie dann mutig an, als sich endlich eine Gelegenheit ergab, auf die ich – immer wieder zögernd – gewartet hatte.

Blöd fand ich, dass sie wie meine Mutter hieß, Ilse. Mit ihr konnte ich mich jedoch wunderbar unterhalten. Wir sprachen über Kunst – über expressionistische Malerei hatte ich gerade ein Buch gelesen und konnte mit Wissen glänzen –, über klassische Musik und Elvis’ Musik und jedes Treffen mit ihr wurde zum Ereignis. Ich war verliebt mit vielen Sehnsüchten eines Sechzehnjährigen.

Sie war meine erste Liebe und blieb es für gut zwei Jahre.

Meinen ersten Kuss habe ich nie vergessen.

Es war an einem Sommerabend und wir kannten uns schon mindestens vier Wochen. Wir gingen auf einem Feldweg vor der Stadt. Sie trug ein hübsches blaugeblümtes Kleid und weil der schmale Weg zwischen den Kornfeldern schon bald auf einen breiteren Hauptweg mündete, gingen wir immer langsamer. Plötzlich sprachen wir nicht mehr. Wir blieben stehen und da war es für uns beide zum ersten Mal, dass wir uns umarmten, dass wir uns anschauten und dann küssten.

Es war wunderschön und wir hatten das Gefühl, dass dieser erste Kuss für uns beide etwas Besonderes in unserem Leben war und uns verband.

Wir küssten uns oft und gern.

Zwei- oder dreimal in der Woche gingen wir spazieren, meistens außerhalb der Stadt und wenn wir Hand in Hand unseren Lehrern auf dem Weg an der alten Stadtmauer begegneten, war uns das ein bisschen peinlich, aber ich war auch stolz, eine Freundin zu haben.

Sonntags fuhren wir manchmal mit dem Rad über die Felder, in den Wald. Ich hatte eine Decke mitgenommen, falls wir uns lagern wollten.

Wollte sie aber nicht und so blieb es bei nächtlichen Pollutionsträumen.

Sie besuchte die Erweiterte Oberschule (EOS), wie dieser Schultyp einer gymnasialen Bildung ab Klasse 9 in der DDR seit diesem Jahr 1959 hieß, und war in der 11. Klasse.

Das fand ich normal, meinen Weg dagegen nicht. Ich sehnte mich nach der „Normalität" eines schulischen Alltags und immer öfter und stärker spürte ich die Sehnsucht so zu sein wie andere junge Leute in der Stadt.

Fortan kaufte ich mir wie die aus der Oberschule meine Milch in der großen Pause im Milchladen auf dem Markt und mischte mich unter sie. Ich kaufte dort auch mein Frühstücksbrötchen und unterhielt mich mit den Schülern der Oberschule, die am Markt gelegen war. Ich hörte sie von ihren Lehrern reden und ihren Problemen im Mathematik- oder Physikunterricht. Dann fühlte ich besonders meine Fremdheit.

Einige fragten interessiert nach unseren Unterrichtsfächern und ich prahlte ein bisschen mit unserem Griechischunterricht, den sie nicht hatten, und welche Bücher wir in Deutsch lasen, von denen einige gerade erst im Westen erschienen waren, zum Beispiel Max Frischs „Biedermann und die Brandstifter“. Dieses Stück sah ich später als Student im „Theater im 3. Stock“ im Gebäude der Volksbühne.

Ein Schauspieler sprach und spielte alle Rollen und das beeindruckte mich so, dass ich dieses Stück später als Lehrer selbst in dieser Form immer wieder vorspielte. So konnte ich ein Stück im Unterricht besprechen, für das es keine Buchexemplare in der DDR gab. Den Schülern hat es gefallen.

Was sollte ich werden nach dem Proseminar?

Diese Frage beschäftigte mich mehr und mehr und ungewollt hat Ilse meine Entwicklung beeinflusst, denn es wuchs mit meiner Liebe zu ihr meine Fremdheit dem Seminarbetrieb gegenüber. Immer stärker fühlte ich, dass dieser Bildungsweg eine Sackgasse war, dass er keine Zukunft hatte, keine Zukunft für mich.

Ich hatte seit der achten Klasse nichts gelernt, wie ich meinte, was man zum Leben, was ich zu *meinem* Leben brauchte.

Mit meinem Freund, dem ich mich in der Oberstufe stärker angeschlossen hatte, konnte ich darüber reden. Das war Christoph, ein Pfarrersohn aus Golßen, rund zwanzig Kilometer nördlich von Dahme. Er war nachdenklicher als andere, mit ihm fuhr ich Sonntagvormittag mit dem Rad über die Felder, in den Wald. Mit ihm genoss ich die Natur und wir empfanden das als „Gottesdienst“. Dass die Vorstellung, Gott in der Natur zu erleben, Gott als Natur zu verstehen, einen Begriff hatte, der schon andere Jünglinge begeistert hatte, erfuhr ich gleichzeitig im Deutschunterricht, als ich mehr über den jungen Goethe lernte, über dessen pantheistisches Lebensgefühl in seiner Sturm – und – Drang – Zeit, Gott „in allem“, in der Schöpferkraft der Natur, im natürlichen kreativen Menschen zu verehren, wie es der Philosoph Spinoza gelehrt hatte.

Dass ich es selbst gerade so erlebte, machte mich vielleicht auch empfänglicher für Goethes Lyrik. Sein „Mailied“ und sein „Willkommen und Abschied“ blieben auch später, sooft ich diese Gedichte im Unterricht behandelte, immer mit dieser ersten Erfahrung von Liebe und Sehnsucht verbunden.

Zu Goethes berühmtem Gedicht „Prometheus“ fand ich eine sehr persönliche Beziehung, vor allem zum Vers *„Da ich ein Kind war, nicht wusste, wo aus, wo ein, kehrt ich mein verirrtes Aug’ zur Sonne, als wenn drüber wär’ ein Ohr, zu hören meine Klage, ein Herz wie meins, sich des Bedrängten zu erbarmen.“*

Das waren doch auch meine Gedanken, mein eigenes Gefühl! Und mit dieser Grundstimmung las ich dann auch zum ersten Mal „Faust“, den ersten Teil. Fausts Verachtung für einengende religiöse Bindungen, die er Margarete gegenüber ausdrückt, darüber konnte ich mit Ilse gut reden, sie las den gleichen Stoff in ihrer Schule.

Sie wurde kein „Gretchen“, wir hatten niemals eine sexuelle Beziehung, was, glaube ich, für Sechzehnjährige auch nichts Besonderes war, Ende der fünfziger Jahre in der DDR.

Ilse besuchte mich noch ein paar Mal später, als ich wieder in Berlin wohnte, aber eine Fremdheit war allmählich zwischen uns getreten, die wir zuerst nur zögernd bemerkten. Es gab keinen schmerzlichen Abschied, die räumliche Trennung entfernte uns auch innerlich voneinander.

Sie studierte dann Pharmazie in Greifswald.

Ich habe viele Namen späterer Freundinnen vergessen, der von Ilse blieb und die Erinnerung war immer schön.

Am Ende der Oberstufe war das Problem meiner weiteren Bildung immer noch ungelöst. Zusammen mit Christoph, der vor dem gleichen Problem stand, entschlossen wir uns zu einer Übergangslösung: Wir begannen die einjährige kirchenmusikalische Ausbildung zum C-Kantor am Hauptseminar in Dahme, um Zeit zu gewinnen. Wir konnten im Proseminar weiter wohnen und sehr selbstständig über unsere Zeit verfügen. Wir lernten nun Komponieren und Improvisieren. Wir lernten, nach welchen Gesetzen ein vierstimmiger Chorsatz geschrieben werden muss. Wir lernten Chorleitung und Instrumentierung, wir lernten die Geschichte der Kirchenmusik und übten fleißig Klavier und Orgel. Mehrere Stunden am Tag.

Es war Spätherbst geworden. Die Kirchen waren kalt und die Finger klamm nach der Radfahrt übers Land.

Ilse ging zur Schule, sie war jetzt in der 12. Klasse und würde am Schuljahresende das Abitur ablegen. Und was machte ich?

Ich fuhr indes übers Land, Orgel üben.

An einem Dienstag, auf dem Fahrrad nach Zagelsdorf, ging es mir erneut durch den Kopf, wie aussichtslos, sinnlos eigentlich mein Tagewerk war. Mein Leben zerfloss, ziellos.

Ich dachte an Ilse, die gerade Chemie oder Physik oder irgendetwas Nützliches lernte, und ich dachte an mich, der seine Zeit als Siebzehnjähriger mit Orgelüben verbrachte.

Ein Stück fuhr ich noch auf der Chaussee und dann erlebte ich meine „Wende“, eine Wende im wahrsten Sinne des Wortes, denn ich wendete mein Rad auf der Chaussee mit dem festen Willen, so nicht mehr weiter zu machen.

Ich wollte den Abschluss der neuen zehnklassigen Oberschule, die seit einem Jahr die Mittlere Reife abgelöst hatte. Ich wollte endlich „normalen“ Unterrichtsstoff lernen, eine „normale“ Entwicklung haben mit einem „normalen“ Ziel: Ich wollte Chemiker werden, weil ich mich meines Interesses für die Chemie in der siebenten oder achten Klasse entsann. Damals hatte ich auch mit einem „Chemie-Baukasten" zuhause experimentiert.

Plötzlich war das klar und der Weg rasch durchdacht, sofort im Plural für Christoph mit: Innerhalb dieses Schuljahres mussten wir an der Volkshochschule zum Abschluss der zehnten Klasse kommen.

Christoph war davon so begeistert wie ich selbst, es wurde unsere gemeinsame „Wende": Eine Mauer fiel und ein Tor öffnete sich in eine von uns selbst zu gestaltende Zukunft.

Noch am gleichen Tag, am Abend gingen wir zur Volkshochschule und baten außerdem unseren Mathelehrer aus der Berufsschule, Herrn Schmieder, und einen Physik- und Chemielehrer von der EOS, uns zu helfen. Das taten die, unentgeldlich.

In den Weihnachtsferien las ich in der Zeitung eine Annonce, dass das Institut für Festkörperforschung der Akademie der Wissenschaften der DDR für ein neues Institut am Berliner Hausvogteiplatz Laborhilfskräfte suche, die zugleich eine Lehrausbildung als Physiklaborant erhalten würden. „Laborhilfskraft" klang nicht gerade attraktiv, aber es war ein Lehrberuf und er wurde höher bezahlt als sonst eine Lehrstelle. Das interessierte mich und ich begab mich unverzüglich dorthin.

Dieses neue Institut beeindruckte mich über alle Maßen. Ich stand in einem riesigen Laborraum mit einer gewaltigen Glasapparatur. Es war traumhaft für mich. Hier arbeiten zu dürfen erschien mir sofort als Erfüllung meiner Vorstellungen. Ich erklärte dem Leiter der Abteilung, Herrn Vogel, meinen bisherigen Bildungsweg, der für eine naturwissenschaftliche Ausbildung so gar keine Voraussetzung bot, aber ihn reizte offenbar gerade meine bisherige Laufbahn, weil sie nicht dem DDR-Schema eines Bildungsweges entsprach, und der Ehrgeiz, mit dem ich mich um einen Schulabschluss selbst bemühte. Allerdings müsste ich den Abschluss der zehnten Klasse vorweisen, dann sei er bereit mich einzustellen.

Das neue Jahr 1960 begann mit einer niederschmetternden Nachricht: Mehrere Lehrer der EOS, darunter unser Physiklehrer, hatten über Weihnachten die DDR verlassen, waren „abgehauen“ und wir hatten keinen Physik- und keinen Mathelehrer mehr, denn Herr Schmieder musste neue Lehraufgaben an seiner Schule übernehmen. Damit brach für Christoph und mich ein Pfeiler weg, auf den wir gebaut hatten.

Mein Berufsziel aber war klar und ich musste den Abschluss schaffen.

Auch Christoph hatte unterdessen feste Vorstellungen von seiner beruflichen Zukunft: Er wollte Medizin studieren. Für ihn gab es jedoch keine Alternative zum Seminar und der kirchenmusikalischen Ausbildung als C-Kantor, der sein strenger Vater zugestimmt hätte.

Ich dagegen hatte dieses Labor in Berlin gesehen und die Bindung an das Seminar und die kirchenmusikalische Ausbildung wurde mir immer mehr zum Hindernis, mein Ziel wirklich zu erreichen.

Da entschloss ich mich, den Schulleiter der zehnklassigen polytechnischen Oberschule (POS) in Dahme aufzusuchen, um zu fragen, ob ich dort den Abschluss erlangen könnte.

Ich machte mich gleich am folgenden Tag auf den Weg und stellte mich ihm vor. Ich fasste kurz zusammen, woher ich komme, was ich bisher gelernt hatte, was ich wollte und fragte ihn, ob ich in die staatliche Oberschule aufgenommen werden könnte. Er betrachtete mich verwundert und bejahte dann nach kurzem Zögern. Ich sollte einen Antrag stellen und da ich erst siebzehn Jahre alt war, könnte ich noch in die laufende neunte Klasse aufgenommen werden. Dem musste ich widersprechen, ich musste in die zehnte Klasse, im Sommer den Abschluss haben! Schließlich war er für eine Probezeit mit mir bereit.

Das war mir recht und ich hatte auch keine Angst, es nicht zu schaffen, aber nun erschrak ich doch vor den Konsequenzen dieser Entscheidung, denn sie bedeutete, dass ich das Seminar, meine Unterkunft, meine Verpflegung aufgeben müsste. Dass ich dafür die schriftliche Einwilligung meiner Mutter benötigte, hatte mir der Schulleiter ohnehin erklärt.

Ich setzte mich in die Bahn und fuhr nach Berlin. Bis zum späten Abend musste ich wieder zurück sein. Ich fuhr gleich zur Dienststelle meiner Mutter und erklärte ihr, dass ich ihre Einwilligung brauche, das Seminar in Dahme zu verlassen und in die staatliche Oberschule überzuwechseln. Und dass ich sie sofort brauche. Natürlich bekam ich sie nicht.

Es war meiner Mutter zu schnell, sie war zu wenig auf diese Konsequenz meines Lerneifers vorbereitet. Sie schrieb an den Leiter des Hauptseminars mit dem bezeichnenden Namen Priester, und bat um Hilfe und seinen Rat. Den Brief nahm ich mit und gab ihn Herrn Priester. Auch ihm erklärte ich meine Vorstellungen über meinen weiteren Berufsweg, was ich bereits eingeleitet hatte und warum der Abschluss der zehnten Klasse nur mit dem Übergang in die Oberschule für mich sicher sei.

In meinen Unterlagen fand ich jetzt das Antwortschreiben des Seminarleiters vom 9. März 1960 an meine Mutter:

*„Wolfgang hat mich gestern darüber unterrichtet, wie er sich seinen weiteren Ausbildungsweg vorstellt und welche Schritte er bereits unternommen hat, um sein Ziel zu erreichen. Ich hatte den Eindruck, dass er sich nach reiflicher Überlegung dazu entschlos-*

*sen hat, auf die Mittelschule zu gehen, um die Mittlere Reife zu erlangen. Es hätte wenig Sinn gehabt, ihn davon abzubringen, zumal er auf die musikalische Ausbildung ja doch in der Hauptsache nur zur Überbrückung gekommen ist. Daß es Sie beschwert, Ihren Jungen einen anderen Weg gehen zu sehen, als Sie sich ihn gewünscht hatten, verstehen wir vollauf. Was hätte es aber für einen Sinn, ihn zu etwas zu veranlassen, wozu er selbst keine innere Nötigung verspürt. ...*

*Wir haben jedenfalls von ihm den Eindruck gewonnen, dass er auf gutem Wege in seiner Entwicklung ist.*

*Mit freundlichen Grüßen ...*"

Damit war die Entscheidung gefallen.

Am Montag der folgenden Woche ging ich zum ersten Mal in die neue Schule, die „zehnklassige polytechnische".

Der Schulleiter stellte mich der 10 b als neuen Mitschüler vor, von einer Probezeit war nicht mehr die Rede.

Zugleich musste ich in das staatliche Internat umziehen, in dem alle Schüler untergebracht waren, die im Umfeld der Stadt wohnten und nicht täglich den Schulweg machen konnten. Schulbusse gab es noch nicht.

Dieser Übergang vom Proseminar in das staatliche Internat machte mir zunächst sehr zu schaffen. Vieles war mir ungewohnt, der Lärm beim Abendessen, die Tischmanieren, die liederliche, oft vulgäre Sprache der Schüler. Ich war da ein Außenseiter. Aber ich hatte viel zu lernen, trat in die FDJ ein und bestand meine Abschlussprüfung mit „Sehr gut".

Damit endete meine Zeit in Dahme. Was ich zuvor drei Jahre lang im Proseminar an Lernleistung und Eifer vernachlässigt hatte, hatte ich aufgeholt und begann im September 1960 meine Ausbildung zum Physiklaboranten am Institut für Festkörperforschung der Akademie der Wissenschaften in Berlin.

Christoph schloss noch die C-Kantoren-Ausbildung ab und begann eine Ausbildung als Pfleger in einem Berliner Krankenhaus, machte wie ich sein Abitur an der Volkshochschule und studierte dann Medizin. Dann haben wir uns aus den Augen verloren und ich weiß nicht mehr, warum.

War mein Glaubensverlust zu radikal? Für ihn zu radikal? Heute glaube ich, dass uns das damals vielleicht entfremdet hat. Christoph ist 1996 mit vierundfünfzig Jahren an Krebs verstorben.

Die Erinnerungen an Dahme und das Proseminar verblassten zunächst rasch unter dem Eindruck meiner ersten Arbeitsstelle und den politischen Ereignissen des Mauerbaus, den ich 1961 unmittelbar miterlebte.

An der Volkshochschule erwarb ich nach einem Jahr das Abitur. Da war es jedoch schon klar, dass ein naturwissenschaftlicher Beruf wohl nicht meine Zukunft sein könnte. Nun wollte ich doch endlich Lehrer werden und besann mich auf das, was ich im Proseminar gelernt hatte: Latein und Deutsch.

Deshalb bewarb ich mich um ein fünfjähriges Studium in dieser Fachkombination, denn ich wollte unbedingt an einer Erweiterten Oberschule mit erwachsenen Schülern unterrichten und Latein war dafür die Garantie.

## *Wege durch die Stadt*

Die Berliner Mauer stand seit zwei Jahren.

Die Vorahnung, dass etwas geschehen würde, um den mit jedem Wochenende sich verstärkenden Strom der Flüchtlinge zu stoppen, lag spätestens im Frühjahr '61 in der Luft. Mir war klar, dass die DDR „ausbluten“, aber auch dass das für die sowjetische Besatzungsmacht nicht akzeptabel sein würde.

Ich konnte mir aber eine Schließung der Hunderte von Übergängen und eine Zerstückelung der S-Bahnstrecken innerhalb Berlins nicht vorstellen. Vororte wie Oranienburg, Velten, Falkensee, Staaken, Teltow usw. könnte man ja nicht einfach abtrennen.

Konnte man doch.

Und so überraschte mich die Radiomeldung am Sonntag, dem 13. August '61. Ich fuhr sofort mit dem Rad zum Brandenburger Tor und fand bestätigt, was man meldete.

Am Nachmittag gingen meine Mutter und ich zur Bernauer Straße. Viele Menschen standen fassungslos vor dem makabren Baugeschehen und wir hielten es für eine möglicherweise nur vorübergehende, provisorische Lösung.

Andererseits muss ich bekennen, dass ich damals auch eine Erleichterung verspürte, weil manche Ungerechtigkeit zum Beispiel im Umtausch der Währungen beendet wurde, weil manches kriminelle Delikt nicht mehr durch Absetzen in den Westen ungestraft bleiben und Lehrer, Ärzte und andere Fachleute nicht mehr von heute auf morgen verschwinden konnten. Vielleicht würde manches bei uns im Osten nun besser werden?

Außerdem empfand ich zunächst mehr eine „Einmauerung“ der Westberliner, denn wir Ostberliner konnten, wenngleich mit Umwegen, das gesamte Umland Berlins weiterhin nutzen, an die Ostsee fahren, nach Thüringen oder ins Erzgebirge.

Da an Reisen nach Paris oder London – nicht nur in meiner Familie – Anfang der sechziger Jahre finanziell ebenso wenig zu denken war wie an Reisen nach Moskau oder Budapest und ich keine Verwandten in Westberlin hatte, von denen ich getrennt wurde, schmerzte mich diese Abgrenzung zunächst nicht existenziell.

Dass der „Westen", der sich wortgewaltig empörte, auch nur tatenlos zusehen konnte und ebenso überrascht war wie wir Berliner selbst, erfüllte mich sogar mit weher Schadenfreude.

Erst später als Student an der Humboldt-Universität und bei meiner Tätigkeit als Stadtführer, „Stadtbilderklärer" hieß es in der öffentlichen Sprachregelung, begriff ich allmählich, dass wir, das Volk der DDR, die Eingemauerten waren, vor allem in geistiger Hinsicht, weil die Mauer auf vertrackte Weise jegliche kritische Diskussion über unsere politischen Verhältnisse verhinderte.

Eine Mauer, quer durch eine Millionenstadt gezogen, sichtbarer „Eiserner Vorhang" aus Beton, das lockte Touristen vor allem aus der westlichen Welt nach Berlin und die brauchten Führung, deshalb gab es erhöhten Bedarf an Stadtführern, nicht nur in Westberlin, sondern auch im Osten der Stadt.

Ich weiß nicht mehr genau, wie ich eigentlich zu diesem Job gekommen war. Gegenüber dem „Check Point Charlie", wie die Grenzübergangsstelle an der Friedrichstraße im Westen genannt wurde, war das Einsatzbüro der Stadtbilderklärer, eine Filiale des Reisebüros der DDR. Hier erhielt ich, nachdem ich mich erfolgreich um diesen Nebentätigkeit beworben, das Textmaterial gelernt und eine kleine Prüfung bestanden hatte, meine Zuweisungen zu Reisebussen, die ich dann in ihren Hotels zur Stadtrundfahrt abholte, vor allem aus der CSSR und aus Ungarn. Aber was gab es überhaupt zu sehen, 1964 hier im Ostteil der Stadt?

Die Fahrtroute war festgeschrieben. Die „Große“ Stadtrundfahrt beinhaltete einen Besuch des Pergamon-Museums auf der Museumsinsel und des Ehrenmals für gefallene sowjetische Soldaten in Treptow, die „Kleine“ nur die historischen Baudenkmäler der Innenstadt. Das Brandenburger Tor mit der Mauer dahinter war der erste Haltepunkt. Der Deutsche und der Französische Dom sowie das Schauspielhaus am Platz der Akademie, heute Gendarmenmarkt, waren noch Ruinen. Diese Gebäude wurden erst in den siebziger und achtziger Jahren wiederaufgebaut und der Berliner Dom war nur mit einer behelfsmäßigen Kuppel restauriert. Den „Palast der Republik“ gab es noch nicht und der Fernsehturm wurde gerade seit 1965 gebaut. Vorzeigbar war das historische Zentrum Berlins, das Gebäude der Staatsoper, die „Kommode“, wie die alte königliche Bibliothek am Bebelplatz scherzhaft genannt wurde, das Mahnmal für die Opfer des Militarismus und Faschismus mit seiner stündlichen Wachablösung, die im preußischen Stechschritt aufmarschierte, und die Gebäude der Staatsbibliothek und der Museumsinsel mit dem Pergamonmuseum und der Alten Gemäldegalerie. Abschließend ging es dann durch die Karl-Marx-Allee, die ehemalige Stalinallee und zurück über den Molkenmarkt, wo Berlin im 12. Jahrhundert zu existieren begann. Das Nicolaiviertel war noch nicht wiederaufgebaut und die Leipziger Straße lag noch in Trümmern. Daraus musste eine knapp zweistündige informative Stadtrundfahrt gestaltet werden.

Einigermaßen komfortabel waren die Busse des tschechischen Reisebüros, grauenvoll waren die Ikarus-Busse mit ihren winzigen Fenstern, der Lautstärke ihrer Motoren und der Hitze im Innern, wenn es draußen warm war. Die Lautsprecheranlagen funktionierten nicht immer und wenn, dann war ihre Tonverstärkung unangenehm quäkend. Für eine Stadtführung verdiente ich 20,- Mark und das war es denn immerhin wert.

Neidvoll und sehnsüchtig sah ich an den Haltepunkten auf die Busse der Westberliner Reiseunternehmen der „Berliner Bären-Stadtrundfahrt“, die von „Bayern-Express“ oder von der Firma „Severin & Kühn“. Mit ihnen kamen Touristen aus den USA, Schweden, aus Dänemark und Italien, Franzosen und sehr viele Japaner über den Check Point in der Friedrichstraße oder westdeutsche Reisegruppen – meistens Jugendliche – über die Grenzkontrollstelle in der Invalidenstraße. Auch diese Busse wurden mit Stadtbilderklärern unseres Büros besetzt, denn die Westberliner Stadtführer durften ja nicht in den Osten einreisen. Ich beneidete unsere Stadtführer, wenn sie ihre Einsätze im Büro zugeteilt bekamen. Sie sprachen Englisch, Französisch oder Italienisch und waren hauptamtlich beim Reisebüro der DDR beschäftigt.

Einmal, es war eine unangemeldete Gruppe – Gymnasiasten einer Klassenfahrt aus Hildesheim – gemeldet worden, als ich gerade meine Abrechnung vorlegte, wurde ich gefragt, ob ich mir noch schnell eine außerplanmäßige Stadtführung dieser Gruppe zutraue. Natürlich, und mögliche Diskussionen über die Mauer scheute ich nicht. Ich nahm ein Taxi zur Grenzübergangsstelle Invalidenstraße.

Die Schülergruppe war in einem eigenen Reisebus gekommen, einem Mercedes, und das war dann doch beeindruckend: Klimaanlage, perfekte Lautsprecheranlage, leise Fahrgeräusche. Eindruck machte ich bei ihnen mit meiner Studienrichtung, Latein und Deutsch, das war für westdeutsche Schüler zumindest ein Ausweis für solide Bildung dieses Ostberliner Studenten, der ihnen einen Blick hinter den Eisernen Vorhang gewähren sollte. Und ich fand Zeit, ihnen auch ein bisschen von meiner Zeit in einer kirchlichen Internatsschule in der DDR, im brandenburgischen Dahme, zu erzählen und es verwunderte sie doch sehr, dass es eine solche Schule überhaupt in der „Ostzone“ gab. Natürlich wollten sie meine Meinung zur Mauer wissen und da hatte ich eine aus eigener Überzeugung: Es sei doch wohl klar, dass die Russen nach diesem Krieg und der Zerstörung ihrer Heimat ihr Herrschaftsgebiet in Deutschland nicht freiwillig wieder hergeben würden. Deshalb wurde die Mauer gebaut, um den wachsenden Flüchtlingsstrom in den Westen zu verhindern. Das sei, ich zitierte Kennedy, „keine sehr schöne Lösung, aber tausendmal besser als Krieg“. Der Westen konnte nichts tun und die Sowjetunion wollte nicht auf das Ergebnis ihres Sieges verzichten. Das war zwar keine Erklärung, wie sie offiziell im Sinne der DDR-Regierung erwartet wurde („antifaschistischer Schutzwall“ usw.) aber sie war verständlich und verschaffte mir Ruhe vor weiteren Diskussionen.

Nach dieser Stadtrundfahrt erkundigte ich mich, was ich tun müsse, um auch die ausländischen Busse führen zu können. Die schlichte Antwort des Leiters der Einsatzstelle, der meine bisherige Einsatzbereitschaft und Zuverlässigkeit schätzte: „Lernen Sie Englisch und machen Sie eine zweisprachige Prüfung.“

Also lernte ich den Text, den ich für eine Führung brauchte, auf Englisch, durfte eine Fahrt mit einem bewährten Stadtführer begleiten und bat nach relativ kurzer Zeit um eine solche Prüfungsfahrt. Die nahm dann ein Mitarbeiter des Reisebüros ab, war leidlich zufrieden und da Bedarf an Honorarkräften bestand, sollte ich gleich anschließend eine Gruppe, die unangemeldet im Check Point wartete, führen. Natürlich war ich sehr aufgeregt, denn ich musste die Führung in Englisch gestalten. Wichtig war mir anfangs nur, dass die Gäste mich verstanden und das gelang.

Diese erste Fahrt auf einem Bus der „Berliner Bärenstadtrundfahrt“ wurde ein bleibendes Erlebnis. Ich bat die Gäste gleich anfangs um Entschuldigung, dass ich vielleicht nicht alles so ganz perfekt ausspreche, es sei meine erste Fahrt usw. und da Englisch auch für diese Gäste, es war eine schwedische Gruppe, eine Fremdsprache war, verstanden sie meine Sorgen und freuten sich nur, dass sie überhaupt noch eine Stadtführung durch den Osten Berlins bekamen, denn die Gruppe war ja unangemeldet erschienen. Von da an war ich begierig auf jede nur mögliche Tour.

Da ich über unsere Nachbarin telefonisch auch sonntags zu erreichen war und binnen 15 Minuten mit meinem Rennrad an der Friedrichstraße sein konnte, wurde ich schon am kommenden Tag, einem Sonntag, vormittags angerufen, ob ich eine unangemeldete Gruppe Amerikaner übernehmen könnte. Sie ständen schon im Check Point.

Als ich den Bus gleich hinter dem Check Point bestieg, es war einer von den bewunderten doppelstöckigen Bussen mit den großen Glasfenstern, war ich gespannt auf mich selbst, wie ich diese Tour mit Leuten, denen Englisch auf amerikanisch Muttersprache war, bewältigen würde. Ich stellte mich den Gästen freundlich und bescheiden vor und stieß auf eine Wand eisigen Schweigens. Ich zeigte ihnen die Ruine des Hitler-Bunkers in der ehemaligen Wilhelmstraße, die fotografierten sie wie verrückt und ich erklärte ihnen die Baugeschichte des Brandenburger Tors.

Keine Reaktion der Gäste hinter mir. Hatten sie mich gar nicht verstanden? War mein Englisch zu schlecht?

Wir hielten kurz an der Staatsoper gegenüber der Humboldt-Universität, hier sollten sie aussteigen, um zu fotografieren.

Aber nur wenige Gäste stiegen tatsächlich aus, die meisten blieben im Bus, was mich erstaunte. Da erklärte mir der Busfahrer, dass ich mich nicht wundern solle, weil die Gäste so abweisend reagierten. Der Stadtführer in Westberlin habe ihnen, bevor sie in den kommunistischen Ostsektor einfuhren, gesagt, sie sollen dort den Mund und Distanz halten, den Bus nicht verlassen, der sei sicheres Territorium, er selbst dürfe ja nicht diese Mauer passieren und erwarte seine Gruppe dann wieder wohlbehalten in anderthalb Stunden.

Diese Information war für mich wichtig, denn sie forderte mich heraus und ich verstand, was so zwischen den Westberliner und Ostberliner Stadtführern gespielt wurde.

Das machte mich mutiger und ich erklärte ihnen, dass ich hier an der Humboldt-Universität Altphilologie studiere, ein ganz normaler Student sei, und falls ihnen in Westberlin ein bisschen Angst vor dem kommunistischen Ostsektor gemacht worden sei, so sollten sie unbesorgt sein, sie seien auch bei mir in sicheren Händen. Das lockerte die Stimmung und in Treptow, es war eine „Große Rundfahrt", stiegen die meisten aus, um mit mir das Denkmal zu besichtigen. Im „Pergamon-Museum" konnte ich sie natürlich mit Sachkenntnis, wenn auch sprachlich noch etwas unsicher, überzeugen. Ich hatte, als ich mich nach drei Stunden am sogenannten Check-Point-Charlie von ihnen verabschiedete, das Gefühl, dass sie ihrem Westberliner Guide nun vielleicht auch etwas kritischer gegenüber sein würden und dankte dem Busfahrer noch einmal, dass er mir das so erklärt hatte. Den traf ich später noch öfter bei Fahrten und er gab mir gleich beim Einsteigen ein Zeichen, wer vorher, in Westberlin, den Bus geführt hatte.

Ein solches Vertrauensverhältnis konnte ich nach einiger Zeit zu mehreren Busfahrern der Westberliner Busfirmen aufbauen – sie hatten übrigens ausländische Pässe – und einer, mit dem ich schon oft gefahren war, begrüßte mich einmal mit einer Hinwendung zu den Gästen mit den Worten: „He is okay." Das war zwar gut gemeint und verschaffte mir auch gleich Vertrauen im Bus, aber ich empfand sein Lob auch als etwas anmaßend.

Sprachlich wurde ich mit jeder Wiederholung der Tour sicherer und die Lautsprecheranlagen in diesen Reisebussen veredelten noch meine Aussprache. Ich glaube, ich beeindruckte manchen Gast damit, dass wir hier im „kommunistischen Osten" überhaupt auch Englisch sprechen konnten. Nun suchte ich auch das Gespräch mit ihnen, was ich anfangs ängstlich vermied, denn meine Defizite lagen mehr im Verstehen als im Sprechen und ich verstand sie immer besser, zumal ihre Fragen meistens die gleichen waren: „Why did you build this wall?", „Where did you learn English" usw.

Amüsiert habe ich mich oft über die amerikanischen Touristen, meist ältere Damen, stark geschminkt nach amerikanischer Mode, die zehntägige Europareisen unternahmen. London, Paris, Rom, Wien, Berlin ..., alles in zehn Tagen. Da kann man schon mal durcheinander kommen. Eine Dame fragte mich einmal: „Is this here Vienna?" „No, Madam, this is Berlin."

„Oooh, it is marvellous!"

Eine amerikanische Reisegruppe ist mir in besonderer Erinnerung geblieben. Sie kam in einem kleineren Reisebus über den Check-Point, alles Schwarze, aber von einer unglaublichen Größe. Es waren die „Harlem Globetrotters", eine der berühmtesten Basketballmannschaften aus den USA. Einer von ihnen, William Bradley, mit 1,95 der Kleinste dieser Riesen, gehöre dem US-Senat an, flüsterte mir der Busfahrer zu. Ich war zwischen diesen Hünen, die im Schnitt zwischen 1,95 und 2,15 Meter groß waren, ein Zwerg und wunderte mich anfangs über das große Aufsehen, das diese Gruppe, wo immer wir ausstiegen, erregte. Ich wusste nämlich nichts über den Ruhm dieser Mannschaft und erfuhr auch erst von dem Busfahrer, dass sie gerade 1964 bei der Olympiade in Tokio die Goldmedaille gewonnen hatten. Von da an genoss ich das Aufsehen und war stolz, diesen Männern meinen Teil Berlins zeigen zu dürfen. Sie waren sehr aufgeschlossen und äußerst freundlich zu mir.

Geld, das man mir gelegentlich beim Abschied zustecken wollte, nahm ich nicht an, das war uns untersagt worden und ich wollte diesen schönen und einträglichen Job auch nicht aufs Spiel setzen.

Ob wir heimlich kontrolliert wurden? Ich kann es mir nicht vorstellen und halte das für sehr unwahrscheinlich, weil der Aufwand, heimlich einen Beobachter in solche geschlossenen Gruppen in Westberlin einzuschleusen, den Aufwand nicht lohnte, um einen einzelnen Stadtführer auf einer solchen Stadtrundfahrt zu überwachen.

Natürlich führte ich weiterhin auch Gruppen aus der DDR, Ungarn, aus der Tschechoslowakei und gelegentlich aus Polen. Die brachten zwar auch Geld, aber Spaß machten mir nur die Fahrten mit den Westbussen.

Ich habe diesen Job drei Jahre gemacht und wurde geradezu süchtig nach Stadtrundfahrten. Nicht nur wegen des Geldes. Immer wieder war es spannend und eine Herausforderung, den Kontakt zu den fremden Menschen zu finden, von denen nicht wenige gleichermaßen mit Spannung wie mit Beklemmung hierher in den Ostsektor kamen. Es gab Wochenenden, an denen ich fünf Führungen hatte, allerdings auf Kosten jeglicher anderer Freizeitbeschäftigungen: Andere gingen sonntags baden, ich fuhr Bus. Andere gingen mit ihren Freundinnen spazieren, ich fuhr Bus. Andere saßen sonntags im Sonnenschein vor den Cafés, ich fuhr im Bus an ihnen vorbei und niemand dachte wohl, dass ein Ostberliner Student die Busse führte, in denen oft Offiziere der US-Army in ihren Uniformen und mit ihren Familien saßen.

Ich machte natürlich auch einige interessante Bekanntschaften. An eine erinnere ich mich: Merete. Sie kam aus Dänemark und ich lernte sie auf einer Stadtrundfahrt einer dänischen Gruppe kennen. Wir verabredeten uns für den Abend und sie kam noch einmal alleine in den Osten. Ich lud sie ein ins Restaurant „Lindencorso". Wir tranken Wein, wir tanzten, wir plauderten, sie wäre wohl gerne bei mir geblieben diese Nacht, denn Ausländer mussten nicht zur Mitternacht den Ostteil Berlins verlassen. Zu mir nach Hause konnten wir aber nicht gehen, da war meine Mutter und hätte einen fremden nächtlichen Damenbesuch nicht geduldet. Und so brachte ich sie gegen drei Uhr in der Frühe zurück zum Check-Point. Sie schrieb mir noch ein paar Mal, auch dass sie sogar zu mir in den Osten ziehen würde, wenn ich das wollte. Zum Beispiel nach Mecklenburg, das sei doch wie Dänemark und sie könnte ihr Pferd mitbringen. Sie war eben etwas versponnen und romantisch. Der Briefwechsel schlief dann ein.

Manfred war ein Abiturient aus Hamburg. Er kam mit einer Gruppe, die ihre Klassenfahrt nach Berlin gemacht hatte. Wir unterhielten uns, tauschten unsere Adressen und dann schrieb er, er würde gern mit seinen Eltern noch einmal nach Berlin kommen und ob ich für sie eine private Stadtführung machen würde. Natürlich war ich dazu bereit. Sie kamen in einem Mercedes neuester Bauart, zeigten sich sehr interessiert und großzügig und ich zeigte ihnen vieles, was sonst nicht zum Programm gehörte. Ob ich ein schönes Restaurant empfehlen könnte? Konnte ich, „Ganymed" an der Friedrichstraße. Dort aßen wir zusammen und mit ihrem Sohn verabredete ich, dass wir Bücher tauschen könnten. Er kaufte einige, weil sie im Osten billiger waren, und er schickte mir mehrmals Pakete mit Büchern, die auch unbeschadet ankamen. So gelangte ich in den Besitz interessanter Lektüre, die mir sonst nicht zugänglich gewesen wäre. Eine Geschichte von Sartre habe ich jetzt noch einmal gelesen: „*Das Spiel ist aus*“: Zwei Menschen wird nach ihrem Tode die Gelegenheit geboten, noch einmal ins Leben zurückzukehren, weil sie eigentlich füreinander bestimmt waren und nun dieser Bestimmung in einer zweiten Chance folgen durften. Aber zurück in der Welt der Lebenden, in ihren Freundeskreis, in ihre Gewohnheiten und Verpflichtungen, gelingt es ihnen nicht, diese andere Entscheidung füreinander zu verwirklichen. Man kann eben seinem Schicksal nach Sartres Auffassung nicht entrinnen.

Würde ich mich denn irgendwann ganz anders entscheiden, wenn ich es dürfte? Zum Beispiel für Merete? Ich glaube, dass ich in meinem Leben gar nichts anders machen würde. Auf meine Erfahrungen als Stadtführer würde ich jedenfalls nicht verzichten wollen.

Meine Frau – damals, vor 45 Jahren, noch meine Freundin – hat mich einmal auf einer Stadtrundfahrt begleitet. Da waren wir schon Lehrer in Eberswalde, aber an den Wochenenden gab ich manchmal noch ein „Gastspiel“ beim Berliner Reisebüro. Als mir wieder ein Bus mit amerikanischen Touristen zugeteilt wurde, nahm ich sie mit. Sie stieg außerhalb der Sichtweite des Check Points in den Bus, die Gäste hatten nichts dagegen, und so nahm sie einmal teil an einer Tätigkeit, die drei Jahre lang mein Privatleben bestimmt hatte. Dass das überhaupt möglich war, erstaunt mich heute sogar mehr als damals.

In diesen drei Jahren habe ich so viel verdient, dass ich mir ein neues Klavier kaufen konnte, auf dem ich heute noch in meinem Arbeitszimmer gerne spiele, und manchmal denke ich dabei an diese spannende Zeit, in der ich fast sechstausend ausländischen Gästen das historische Berlin unter den schlimmen Bedingungen der Mauerteilung zeigen und erklären konnte.

Fünfundzwanzig Jahre später verfolgten meine Frau und ich Ende 1989 die Fernsehsendungen in den Ost- und Westkanälen, schwankend zwischen Freude und Sorge über die Geschehnisse, und wir verstanden Schabowskis denkwürdige Äußerung über die neue Reisefreiheit, die ab sofort eintreten sollte, durchaus nicht so wie offenbar Tausende andere. Wir verschliefen die Nacht der Maueröffnung und erstaunt hörte ich am Morgen DT 64, den Jugendsender der DDR, der sich von der Westberliner Gedächtniskirche meldete.

Es verging noch fast eine Woche, bis wir uns zur Grenze an die Oberbaumbrücke begaben, um mit der U-Bahn ins fremd gewordene Westberlin zu fahren.

Und noch einmal 7 Jahre vergingen, bis ich eine Stadtrundfahrt mit einem dieser Westbusse durch das nun ungeteilte Berlin machte, diesmal als Gast.

Gewiss, Berlin war um vieles schöner geworden, aber die Erklärungen des Stadtführers fand ich eher dürftig.

Prickelnder waren meine Fahrten damals im Schatten der Mauer.

Gut, dass das nur noch eine Geschichte ist.